# RECHERCHES

SUR LES

# ANCIENS THÉATRES DE BEAUVAIS

PAR

E. CHARVET,

Membre de la Société Académique de l'Oise.



---

BEAUVAIS

Imprimerie D. PERE, rue Saint-Jean.

1881.

# RECHERCHES

SUR LES

# ANCIENS THÉATRES DE BEAUVAIS.

# RECHERCHES

SUR LES

# ANCIENS THÉATRES DE BEAUVAIS



PAR

E. CHARVET,

Membre de la Société Académique de l'Oise.

---

BEAUVAIS

Imprimerie D. PERE, rue Saint-Jean.

1881.

# RECHERCHES

SUR LES

# ANCIENS THÉATRES DE BEAUVAIS.

---

## I

### LES ARÈNES.

« A mesure que tout subit l'influence et reçut l'empreinte de la civilisation romaine, la mode des spectacles de l'amphithéâtre se répandit aussi loin que s'étendait la domination du grand empire. De Jérusalem à Séville, de la Bretagne insulaire à l'Afrique septentrionale, il n'était certainement pas une ville considérable dont l'arène ne fût ensanglantée, tous les ans, par de nombreuses victimes (1). »

Au IIe siècle de notre ère, Beauvais (*Cæsaromagus*), capitale des Bellovaques, devait donc posséder des Arènes. C'était alors une puissante cité qui occupait non seulement, comme maintenant, le fond du vallon, mais encore les hauteurs voisines abandonnées aujourd'hui à la culture. Le Mont-Capron notamment était couvert d'importantes constructions. En 1563, Jean

---

(1) Friedlænder : *Mœurs romaines du règne d'Auguste à la fin des Antonins*; liv. VI, les Spectacles.

Dubuisson y trouva, « dans son héritage, » un grand nombre de pierres taillées, et la ville fit visiter le lieu « pour sçavoir si ce avoit esté forteresse, chasteau ou aultre édifice (1). » Les ruines d'un temple consacré à Bacchus furent aussi mises au jour en cet endroit quand on exécuta les travaux de défense nécessités par l'entrée des Impériaux en Picardie (1636).

Sur le versant sud-est du même coteau, vers le point d'intersection de la route de Clermont et de l'ancienne route de Saint-Just-en-Chaussée, le terrain forme une sorte d'échancrure en arc de cercle dont la corde a environ deux cents mètres. La tradition indique ce lieu, appelé la fosse *Abat-le-Vent* ou *à Baillevent*, comme étant l'emplacement des Arènes. Des talus en pente douce, qui sont maintenant couverts de vignes, décrivent un amphithéâtre de tous les points duquel on peut apercevoir le fond qui présente une surface unie. Avec cette magnifique disposition du sol, il n'y eut à établir que des escaliers, des gradins et des précinctions. D'après l'abbé Barraud (2), les Arènes de Beauvais étaient probablement « un de ces théâtres mixtes tels qu'on en construisit un grand nombre à partir du règne d'Auguste, et qui étaient destinés tout à la fois aux pantomimes et à la lutte. Leur forme, en effet, tient le milieu entre celle des amphithéâtres et celle des théâtres proprement dits. Ce n'est pas une ellipse complète ni un cercle complet, mais c'est plus qu'un demi-cercle. »

On a recueilli à la fosse *Abat-le-Vent* des médailles de bronze (3), mais on n'y a trouvé aucune trace de maçonnerie. Le fait n'a rien de surprenant. Pour se protéger contre les incursions des barbares, *Cæsaromagus*, comme toutes les villes importantes de la Gaule, construisit une enceinte fortifiée. Ainsi qu'il arrive en pareil cas, il fallut réduire le périmètre et établir une zone militaire à découvert en rasant autour des murailles les monuments qui pouvaient servir d'abri et de point d'attaque à l'assaillant.

(1) Archives municipales. — La ville acheta à Jean Dubuisson 1,200 pieds de pierres, à 20 deniers tournois le pied; elles servirent à la construction du pont-dormant de la porte de l'Hôtel-Dieu.

(2) *Beauvais et ses monuments pendant l'ère gallo-romaine.*

(3) Graves : *Notice archéologique sur le département de l'Oise.*

Les pierres des Arènes, en quelque sorte toutes taillées et comme prêtes, furent employées dans la construction de l'enceinte. On utilisa aussi les matériaux provenant de la démolition des monuments voisins (1), et les tranchées faites, à différentes époques, dans les restes des murs de la cité ont mis à découvert des colonnes, des débris de statues et des pierres chargées d'ornements ou d'inscriptions.

## II

## LA CATHÉDRALE.

Boileau ignorait les origines de la scène française, et ces vers de l'*Art poétique* sont complètement inexacts :

> Chez nos dévots aïeux le théâtre abhorré
> Fut longtemps dans la France un plaisir ignoré.
> De pèlerins, dit-on, une troupe grossière,
> En public, à Paris, y monta la première,
> Et sottement zélée en sa simplicité,
> Joua les Saints, la Vierge et Dieu par piété.

Nos dévots aïeux n'abhorraient pas le théâtre, et de grossiers pèlerins ne furent pas les créateurs de ce genre de divertissement. Chez tous les peuples, le théâtre tire son origine de la religion, et en France, comme autrefois dans la Grèce, c'est dans le sanctuaire que se produisirent les premiers essais dramatiques.

Au moyen âge, l'Eglise déployait la plus grande magnificence dans la célébration des cérémonies sacrées. Un drame vivant faisait le fond des offices, surtout aux jours solennels, à Pâques, à Noël, aux Rois, à la Pentecôte, pendant la semaine entière de la Passion (2). La messe de minuit, la crèche, le sépulcre du

---

(1) On sait que les Athéniens démolirent aussi des temples et se servirent des pierres pour édifier les *longs murs* qui devaient défendre leur ville contre les Perses.

(2) « Le culte extérieur se compose de cérémonies ; ces cérémonies sont symboliques ; on y trouve des chants, des récits, des marches et des contre-marches, des personnages vêtus d'habits variés. Or, une représentation symbolique, qu'est-ce autre chose qu'un drame, dans le

Vendredi-Saint, la procession des Palmes, la Résurrection, les apparitions du Sauveur après sa mort, mille autres scènes d'une expression touchante et variée captivaient à la fois les regards et les cœurs.

Au XIe siècle, les offices semblant trop courts à la piété des fidèles (1), on y intercala des *tropes* ou cantiques dialogués. Le drame liturgique était créé et devait se développer de jour en jour.

A Beauvais, le lundi de Pâques, à la fin des vêpres, quatre chanoines représentaient les pélerins d'Emmaüs et l'apparition à l'incrédule apôtre saint Thomas (2). M. G. Desjardins a retrouvé,

---

sens primitif et absolu du mot? Drame veut dire action : histoire, morale ou dogme mis en action. Or, la liturgie catholique étant la mise en action des dogmes chrétiens et de leur histoire, cette liturgie est nécessairement dramatique, aujourd'hui comme au moyen âge; mais au moyen âge elle l'était plus qu'aujourd'hui. En effet, si pompeuses que soient encore les cérémonies catholiques, elles ont singulièrement dégénéré de leur magnificence d'autrefois. L'influence de la Réforme, qui inaugura, au XVIe siècle, un culte réduit à la plus simple expression, contribua à appauvrir le culte même qui la repoussait, et persistait à admettre un élément esthétique, qui s'adressât à l'âme par l'entremise des sens. Un grand nombre de coutumes liturgiques disparurent, on retrancha çà et là des rites que l'on jugea superflus, on craignit le ridicule, ce terrible produit du doute et de la controverse ; en un mot, le catholicisme lui-même, toute proportion gardée, se fit quelque peu puritain. Au moyen âge, on n'avait pas de ces scrupules..... » Marius Sepet : *Le Drame chrétien au moyen âge*, p. 21.

(1) « Il ne faut pas oublier que les jours de fêtes, beaucoup plus nombreux qu'aujourd'hui, étaient, au moyen âge, pour les souffrants de la terre, pour les manants et pour les serfs autant de jours de repos dont ils saluaient avec enthousiasme la bienvenue. Quel plaisir! songez-y, au lieu de remuer la terre, de semer la moisson, sur laquelle le seigneur aura sa part, de travailler, en un mot, sans grand profit, exposés au pillages quotidiens et à toutes les suites des guerres féodales; quel bonheur d'aller dans l'abbaye voisine, tout un long jour de loisir, contempler les utiles splendeurs d'un culte, tout à la fois prière, enseignement et spectacle! Comme on devait souhaiter que ces fêtes fussent fréquentes, que ces offices fussent longs! » Marius Sepet : *Le Drame chrétien au moyen âge*, p. 22.

(2) Dom Grenier : *Introduction à l'histoire de Picardie*, p. 386.

dans la bibliothèque de M. Borel de Brétizel, une copie notée des *Pèlerins d'Emmaüs* et nous dit (1) :

« Les paroles sont tirées de l'évangile de saint Luc, qui est suivi scrupuleusement par l'auteur de cette petite pièce. Les deux pèlerins s'avancent dans le chœur en chantant une hymne; tout à coup, Jésus, sous la figure d'un voyageur, se joint à eux. Ils échangent quelques paroles, et bientôt les pèlerins engagent leur compagnon à demeurer à Emmaüs « parce qu'il se fait tard et que le jour baisse. » Cette invitation a la forme d'un cantique dont la mélodie est exquise. Le nouveau venu s'assied à table avec eux, et ils reconnaissent leur divin maître à la fraction du pain. Quand il a disparu, ils le cherchent en exhalant de touchants regrets. Puis, s'adressant au chœur, ils lui disent que le Christ est ressuscité.

« L'apparition à saint Thomas est le sujet d'une seconde scène. Notre-Seigneur se montre sans voile à toute l'assistance, et lorsque l'apôtre absent revient, ceux qui faisaient le personnage des disciples d'Emmaüs lui apprennent la bonne nouvelle. Thomas refuse d'y croire. Alors Jésus apparaît de nouveau, et, prenant la main de l'incrédule pour lui faire toucher ses blessures, lui adresse de doux reproches. Celui-ci, pénétré de repentir et d'amour, tombe à ses pieds en poussant ce cri de foi : Mon Dieu et mon Seigneur! Le drame se termine par le verset *Christus resurgens.....* ℟ *Gavisi sunt discipuli.....* et l'oraison de Pâques. »

Dans ces petits drames, l'invention ne tenait pour ainsi dire aucune place. Les auteurs se bornaient à mettre en dialogue et en [illegible] le texte sacré; ils ne considéraient ces jeux que comme une [illegible] plus sensible d'enseigner l'Évangile au peuple.

Obéissant à la loi du progrès et du changement, le drame liturgique ne devait pas garder longtemps cette forme encore simple, ni rester dans ces limites précises. « D'une part, les épisodes du texte primitif, en se développant peu à peu, tendaient à se séparer de l'ensemble, et comme autant de boutures transplantées et fécondées, à produire des drames indépendants. D'autre part, le spectacle, la mise en scène, tout ce qui faisait

(1) *Histoire de la cathédrale*, p. 111.

la beauté visible et le succès populaire de ces représentations se développait sous l'impulsion de la faveur publique, et ces ornements étrangers éloignaient le drame de la sévérité de ses origines. A côté du mystère liturgique, nous voyons grandir et se former des drames plus compliqués, plus remplis d'accessoires profanes et qu'on appelle, pour cette raison, semi-liturgiques; ils sont, en effet, placés à ce point précis où le lien du théâtre avec la liturgie est encore très étroit et où la tendance à la séparation est déjà très marquée (1). »

De tous les drames semi-liturgiques connus, le plus célèbre est le drame de Daniel, représenté, pendant les fêtes de Noël, dans la cathédrale de Beauvais (2). Le début de la pièce indique qu'elle avait été composée, à Beauvais même, par les élèves de l'école attachée à l'église :

*Ad honorem tui, Christe,*
*Danielis ludus iste*
*In Belvaco est inventus*
*Et invenit hunc juventus* (3).

---

(1) Aubertin : *Histoire de la langue et de la littérature françaises au moyen âge*, t. I, p. 392.

(2) Il a été publié, pour la première fois en 1848, par Félix Danjou. (*Revue de Musique religieuse*, t. IV, p. 65.) M. de Coussemaker l'a édité de nouveau, en 1860, avec un fac-similé du manuscrit qui lui a fourni le texte et la musique. (*Drames liturgiques*, p. 49.) Ce manuscrit, provenant du chapitre de la cathédrale, appartient actuellement à M. Pacchiarotti, de Padoue. Le drame de Daniel a trois cent quatre-vingt-douze vers.

(3) « Les personnages ont été représentés par les étudiants de cette ville sous la direction de ceux d'entre eux qui avaient composé le drame et avec l'aide des enfants qui fréquentaient les écoles de grammaire, en attendant que, plus avancés en âge, ils suivissent à leur tour les cours de théologie scolastique et de droit canon. Si je ne me trompe, ces faits jettent un jour curieux sur la vie des étudiants et des écoliers au XIIe siècle. On voit qu'ils égayaient leurs études par des jeux qui, tout en leur servant de délassement, étaient encore pour eux un exercice intellectuel, exercice d'imagination, de style, de mémoire, de déclamation et de chant.. On voit aussi qu'on les considérait presque comme des clercs, puisque le clergé proprement dit leur abandonnait tous les

M. Aubertin en a donné récemment une excellente analyse (1) : « Le nombre des personnages est considérable dans le drame de Beauvais; une grande partie du collège prêtait son concours à la représentation; les petits aidaient les grands et formaient les chœurs (2). L'appareil scénique est des plus pompeux; il y a non seulement un trône pour Balthasar et un trône en face pour la reine, mais un échafaud pour les mages, un palais figuré par des cloisons, une maison pour Daniel, une fosse aux lions et des lions dans la fosse (3). On voit Darius, à la tête de ses hommes d'armes, forcer le palais de Balthasar. L'évolution du drame est une procession avec chants. Le directeur du jeu, *ludius,* ouvre la marche en déclamant quatre vers; le cortège de Balthasar, ses courtisans et ses soldats s'avancent en chantant une prose qui sert d'exposition ou de prologue, et raconte d'avance ce qui va se passer. Le roi monte sur son trône et les satrapes crient : Vive le roi! *Vivat rex in æternum!* Balthasar, ayant demandé pour sa table les vases sacrés du temple de Jérusalem, les courtisans les apportent en chantant, tandis qu'une main invisible écrit sur le mur les trois mots mystérieux, *Mané, Thécel, Pharès.* Dans le trouble du roi, on se consulte autour de lui, les mages interrogés balbutient; la reine se lève et, suivie de ses femmes, s'approche de Balthasar pour lui conseiller de recourir au prophète Daniel. Questions, réponses, allées et venues, tout se fait en chantant; les mouvements sont des *con-*

---

rôles sans exception dans un mystère qui, à beaucoup d'égards, était encore un office. Mais il n'est pas malaisé de s'apercevoir qu'ici encore la liturgie a perdu le terrain gagné par l'art dramatique. » Marius Sepet : *Les Prophètes du Christ.* (Bibl. de l'Ecole des Chartes, année 1867, p. 250.)

(1) *Histoire de la littérature française au moyen âge,* I, p. 394-96.

(2)
*Astra tenenti*
*Cunctipotenti*
*Turba virilis*
*Et puerilis*
*Concio plaudit.*

(3) Les lions étaient des acteurs masqués et couverts de peaux de bêtes. La rubrique en latin indique avec précision les personnages, les costumes, les décors et les jeux de scène.

*ductus*, c'est-à-dire des processions avec chant. L'invitation portée à la maison de Daniel par les courtisans présente, dans le texte de Beauvais, cette particularité curieuse : la première moitié des vers est en latin et la seconde en français. Innovation de grande conséquence : la langue vulgaire pénètre dans le drame liturgique !

*Vir propheta Dei, Daniel*, vien al roi,
*Veni, desiderat* parler à toi;
*Pavet et turbatur, Daniel*, vien al roi,
*Vellet quod nos latet* savoir par toi;
*Te ditabit donis, Daniel*, vien al roi,
*Si scripta poterit* savoir par toi.

« Persuadé par ce discours macaronique, Daniel suit les messagers, et tous, de concert, entonnent, chemin faisant, un *conductus* dont chaque strophe est terminée par un vers français :

*Hic verus Dei famulus*,
*Quem laudat omnis populus*,
*Cujus fama prudentiæ*
*Est nota regis curiæ !*
Cestui manda li rois par nos.

« Daniel répond en deux langues et par un seul vers :

*Pauper et exsulans* en vois al roi par vos.

« Il explique les trois mots, reçoit en présent les vases du temple et retourne à sa maison avec son cortège, pendant que la reine remonte sur son trône avec son escorte ; des deux côtés il y a un *conductus*, une marche accompagnée de chant. Le drame se divise en deux parties : la seconde comprend la brusque invasion des Perses, le renversement de Balthasar et l'histoire de Daniel dans la fosse aux lions. Darius arrive, précédé d'une troupe de musiciens ; c'est tout un orchestre où se mêlent tambours, harpes et flûtes, instruments à vent et à cordes. Voilà encore une nouveauté, une différence qui distingue le drame semi-liturgique du drame liturgique proprement dit ; celui-ci ne connait d'autre instrument que l'orgue, celui-là ajoute à l'orgue une musique spéciale. Le reste de l'histoire est en tableaux comme ce qui a précédé ; rien n'est omis, ni la mort de Balthasar égorgé par deux soldats, ni l'apparition de l'ange armé d'un glaive qui contient les lions, ni le message d'Abacuc qui apporte à manger au prophète, ni enfin la disgrâce et le supplice des ennemis de Daniel précipités dans la fosse et dévorés. Le réalisme pieux, qui est toute la poétique du moyen âge, s'étale ici déjà et se donne licence avec une intrépide naïveté. Daniel, nommé premier ministre, prophétise la venue du Christ; un ange paraît dans les airs, c'est-à-dire dans une galerie supérieure, et annonce que le Christ prédit vient de naître. A cette bonne nouvelle, les chantres entonnent le *Te Deum* et le drame est fini (1). »

La musique du drame de Daniel est aussi des plus remarquables. « Le chœur *Regis vasa deferentes*, dit F. Danjou (2), est un chef-d'œuvre de goût et de piquante raillerie. Le *Gaudeamus*, chanté d'une façon si lugubre, exprime plus heureusement que n'aurait su le faire aucun compositeur moderne le dépit concentré des courtisans obligés de venir se prosterner devant l'objet de leur envie et de leur haine. Le chœur des princes, *Vir propheta Dei Daniel*, mélangé de français et de latin, le récit de Daniel, *Rex, tua nolo munera*, la prose *Jubilemus*, le conductus *Congaudentes*, la prophétie finale *Ecce venit sanctus*, sont des morceaux d'un sentiment si remarquable, d'une expression si élevée, qu'ils suffiraient à eux seuls pour prouver que le génie de la musique fécondait alors les œuvres populaires, puisqu'il inspirait à de jeunes étudiants de si belles mélodies. »

M. Gustave Chouquet critique l'enthousiasme de F. Danjou, mais il fait aussi un grand éloge du drame de Beauvais. Il cite le passage que nous venons de donner et ajoute : « Oui, sans doute, ce mystère dénote un profond sentiment musical, et, dans certains morceaux, tels que le solo de Daniel, par exemple,

*Heu! heu! heu! quo casu sortis*
*Venit hæc damnatio mortis!*

nous reconnaissons l'intention évidente de s'élever jusqu'à la musique expressive et dramatique; nous n'avons garde cependant de proclamer le drame semi-liturgique de Daniel un chef-

(1) La rubrique porte : *His auditis cantores incipient Te Deum laudamus.*

(2) *Revue de musique religieuse*, t. IV, p. 73.

d'œuvre incomparable, que ni Gluck, ni Mozart, ni Lesueur, ni Cherubini, ni aucun maître du XIXe siècle n'a su égaler. Le parti-pris de dénigrer l'art contemporain au profit de l'art du moyen âge, la passion d'un clérical exalté apparaît manifestement dans la citation que l'on vient de lire. A cet enthousiasme de commande n'opposons pas une critique injuste et railleuse, mais n'oublions pas non plus qu'une œuvre collective ne brille guère d'habitude par ces qualités supérieures que Danjou prête systématiquement à la composition des étudiants de Beauvais. Si nous nous contentons de remarquer la bonne déclamation musicale de ce mystère, si nous n'accordons de complets éloges qu'aux chants des courtisans de Balthasar, nous n'en rangeons pas moins *Daniel* au nombre des opéras les plus instructifs et les plus parfaits du XIIe siècle. Il y a dans ces chœurs comme un ressouvenir de la tragédie grecque (1). »

Louvet a ignoré les grands spectacles religieux donnés dans notre ville, et les cérémonies dont il parle ne rappellent en rien les splendeurs du drame de Daniel. « Je n'ay pas appris, dit-il (2), ce qui se représentoit anciennement en l'église de Beauvais le jour de Noel, à matines, sinon que les pasteurs sont encor représentez par trois enfans de chœur. Au jour de Pasques, à matines, trois enfants de chœur représentent encor les trois Maries; l'un desquels, après les cérémonies et sur la fin d'icelles, annonce au peuple la résurrection de Nostre Seigneur...... Nous avons encor veu de nostre temps que le jour de la Pentecoste, en la messe, durant le *Veni Creator*, pour signifier la descente du Saint-Esprit, on jettoit, des voûtes, quantité d'oublies de diverses couleurs dedans le chœur. »

Foy de Saint-Hilaire, le savant chanoine, connaissait le drame de Daniel. Il le juge avec l'esprit de son temps et trouve « que les lois du poème dramatique n'y sont pas fort religieusement observées (3). »

---

(1) *Hist. de la musique dram. en France;* Paris, F. Didot, 1873, p. 22.

(2) *Histoire et antiquités du diocèse de Beauvais,* II, p. 298 et 302.

(3) *Lettre* à M. de Francastel, sous-bibliothécaire des Quatre-Nations. (Bibl. Le Caron de Troussures; mss.)

## III

### LE FIEF DE LA JONGLERIE.

A la fin du XIIIe siècle ou dans la première moitié du XIVe au plus tard, le drame liturgique se transforma en drame séculier et passa du sanctuaire sur la place publique, cessant d'être une œuvre exclusivement sacerdotale pour rester une œuvre chrétienne sous sa forme nouvelle (1). Des *Mystères* en langue vulgaire furent joués sur des échafauds dressés pour la circonstance.

A Beauvais, dit dom Grenier, « un dénombrement servi au roi, en 1465, par l'évêque Jean de Bar (2), nous apprend que les farces étaient tellement à la mode dans cette ville, que les évêques avaient formé un fief exprès pour ne pas manquer d'acteurs. Il se nommait le *Fief de la Jonglerie.* Il en est mention dans les actes délibératifs du chapitre des 13 et 26 juillet 1390. Le possesseur du *Fief de la Jonglerie* était tenu, suivant le dénombrement fourni à l'évêque, le 2 mars 1376, par Jean du Puy (3),

---

(1) « Les causes de ce changement paraissent assez d'elles-mêmes; car il était naturel que l'imagination ambitieuse de la curiosité publique, si vivement excitée par l'attrait des premières représentations, franchît les limites et les gênes de l'Eglise, secouât le joug du latin canonique, et pour satisfaire ses exigences croissantes invoquât le secours des poètes séculiers, dans un temps où la poésie française multipliait les preuves de sa brillante fécondité. La loi du progrès littéraire, aussi certaine dans ses effets que la loi de l'évolution physique, veut que tous les éléments contenus dans une création récente et spontanée croissent avec une irrésistible vigueur et atteignent la plénitude de leur développement. » Aubertin, I, p. 425.

(2) C'est-à-dire le Dénombrement de Guillaume de Hellande. « En l'an 1465, il (Jean de Bar) soubsigna le dénombrement des évesché et comté de Beauvais et du vidamé de Gerberoy, que feu Messire Guillaume de Hellande, son prédécesseur, avait fait dresser en l'an 1451. » Louvet : *Hist. et Antiq. du diocèse de Beauvais*, II, p. 569.

(3) Nous avons retrouvé cette pièce dans les papiers de dom Grenier, conservés à la Bibliothèque Nationale. Nous la publions plus loin avec

de chanter ou faire chanter dans le cloître de la cathédrale, aux fêtes de Noël, de Pâques et de la Pentecôte, des *gestes*, c'est-à-dire de représenter des pièces relatives au mystère du jour, depuis la fin de primes jusqu'à l'évangile de la grande messe, et personne ne pouvait chanter *gestes* dans la ville de Beauvais sans sa permission. Il paraît par deux actes capitulaires, l'un du dernier octobre 1401, l'autre du vendredi 2 novembre 1402, qu'il jouait aussi dans le chapitre : *Scientem ludere cum viola in veteri capitulo historias de gestis* (1). »

Les chanoines n'acceptaient pas toujours les acteurs qui leur étaient envoyés par le propriétaire du fief de la Jonglerie (2). Ils étaient d'autant plus difficiles qu'ils composaient souvent eux-mêmes les pièces qu'ils faisaient représenter. L'un d'eux, Pierre Le Bastier, reçut, en 1415, 50 livres 4 sols pour un « jouel » qu'il avait donné à M. de Beauvais et pour le plaisir qu'il avait fait à la ville (3).

Au XVe siècle les Mystères avaient pris un développement considérable; la représentation durait souvent plusieurs jours et exigeait un grand nombre d'acteurs.

---

les autres documents que nous avons pu recueillir sur le fief de la Jonglerie. (Voir Pièces justificatives, I)

(1) *Introduction* à l'*Histoire de Picardie*, p. 405.

(2) « On trouve dans les registres capitulaires des plaintes que les chanoines avaient faites contre un vielleur malhabile qu'on leur avait fourni, et qui, ne sachant pas bien son métier, n'avait pas bien fait *danser le peuple.* » G. Hermant : *Histoire manuscrite de Beauvais.* — Le savant janséniste ne traduit pas exactement l'expression *ludere cum viola historias de gestis.* Le propriétaire du fief était, suivant lui, un *bouffon* : « Alors que l'évêque faisait son festin d'entrée au jour de la prise de possession, cet officier était obligé de venir faire le plaisant au bout de la table pour faire rire la compagnie. On peut juger combien cela était éloigné de la gravité épiscopale et de l'esprit de saint Paul, qui ne voulait pas que l'on entendît parmi les chrétiens des paroles folles et bouffonnes, disant que cela ne convenait pas à leur vocation. On lit aussi dans saint Bernard que non seulement les bouffonneries ne doivent jamais sortir de la bouche d'un prêtre, mais qu'elles ne doivent jamais entrer dans ses oreilles. »

(3) L'abbé Deladreue : *Les Maisons canoniales et leurs possesseurs.*

En 1452, un grand mystère de saint Pierre fut joué à Beauvais. Suivant l'usage, le directeur du jeu, après avoir réuni le nombreux personnel recruté par le possesseur du fief de la Jonglerie (1), lui avait fait jurer sur l'Evangile de ne pas manquer aux répétitions, pendant lesquelles il donnerait à chacun les indications nécessaires pour bien jouer le rôle dont il était chargé (2). La représentation commença le 29 mai au matin. Le théâtre ayant été dressé entre la cathédrale et l'évêché, deux *cris* furent faits, l'un par les officiers de l'évêque, l'autre par le sergent du chapitre, comme nous l'apprend le document suivant tiré des archives de Saint-Pierre (1) :

A tous ceux qui, etc., Simon Le Baille, garde du scel de la baillie de Senlis, etc., salut. Sçavoir faisons que par Drieu de Caigneux et Thibaut Despaux, etc., nous a esté rapporté que le lundi 29e jour du mois de mai 1452, eux estans sur les eschaffaux ou hours préparés par plusieurs gens de bien à faire le mystère et jeu de Monseigneur Saint Pierre, en la place Saint-Pierre de Beauvais, en la haulte justice de Messieurs de Chapitre de l'église de Beauvais, assez près du portail de la Basse-

---

(1) « Où trouvait-on les acteurs? Un peu partout. Le clergé, les moines, les corporations de ménestrels et de jongleurs, la classe des marchands et des artisans fournissaient leur contingent; rien n'était plus mêlé que ces troupes d'exécutants et de figurants nécessaires à la mise en scène si compliquée du drame chrétien. C'est l'image en raccourci de la société contemporaine; une même foi, une ardeur patriotique et religieuse et, si l'on veut, un même goût pour le plaisir dramatique y réunit et y confond les conditions les plus diverses. » Aubertin, t. I, p. 437.

(2) La rubrique du drame d'*Adam* donne cette instruction qui, comme le remarque spirituellement M. Moland *(Origines littéraires de la France)*, ne serait pas inutile à tel acteur de nos jours. « *Sit ipse Adam bene instructus quando respondere debeat*..... Qu'Adam soit bien instruit quand il doit répondre, pour qu'il ne soit ni trop prompt ni trop lent à donner la réplique, et que non seulement lui, mais tous les personnages soient dressés à parler posément et à faire le geste en rapport avec ce qu'ils disent, et, dans les vers, qu'ils n'ajoutent ni ne retranchent une syllabe, mais les prononcent tous fermement, et que tout ce qu'il y a à dire soit dit convenablement. » Le drame d'Adam, mystère semi-liturgique du XIIe siècle, a été publié par M. Victor Luzarches, en 1854.

(3) Bibliothèque Nationale : *Papiers de dom Grenier*. t 158.

Œuvre, avec et en la compagnie de honnorable et saige Mᵉ Jehan de Frocourt, licentié en droit, chanoine et l'un des prevosts de ladite eglise de Beauvais, Jehan Le Caron, avocat, second prevost desd. de chapitre, Jehan Le Bel, leur procureur, et plusieurs autres, environ heure de huit heures du matin, après que par les gens et officiers de Monseigneur de Beauvais, estans en la terre de mondit Sʳ de Beauvais, a esté fait cri à haute voix à ce que le peuple estant illec et assemblé se mist en ordonnance d'ouïr les jeux ; ainsi comme le cri fut fait, au commandement desd. prevosts et chapitre, Guillaume Postelle, sergent d'iceux de chapitre, lut à haulte voix une cedulle ou papier de laquelle la teneur ensuit :

« De par Messeigneurs du chapitre de l'église de Beauvais, en tant qu'il touche et ha regard à la haulte justice qu'ils ont et à eux appartient en cette place nommée la place Saint-Pierre ainsi qu'elle se comporte et estend entre les bournes, on fait deffense à ceux qui sont et seront en lad. place de lad. terre et jurisdiction, durant tous les jours, temps et espace de iceux jeux et mistere de M. Saint Pierre et ce qui s'en despend, qu'ils ne facent trouble, noise, debats, ne chose qui puist ou doibt empescher les joueurs, et ne monter sur les hours et eschaffaux etans en lad. terre et justice de mesd. Sʳˢ de Chapitre, sans permission et licence de ceulx à qui il appartient, sur peine d'amende et pugnition telle que raison donnera. »

De laquelle publication et lecture ainsi faite led. Jehan Le Bel, procureur desd. de chapitre, requit acte, etc.

On a vu que le drame de Daniel était l'œuvre collective des étudiants de notre ville, et nous parlerons plus loin d'une moralité jouée en 1483 et composée par Guillaume de Camaches, maître de l'école de la cathédrale. Le mystère de saint Pierre était-il aussi dû à la plume de quelque Beauvaisin, de Pierre Le Bastier, par exemple, qui vivait encore à cette époque, ou avait-il été commandé à un « facteur » en renom (1). Nous ne savons rien à cet égard, le document précédent étant le seul que nous ayons pu trouver sur la représentation.

Le second volume de l'*Histoire du théâtre en France*, de M. Petit de Julleville, contient cent trente notices sur autant de mystères conservés et l'indication de soixante-dix mystères perdus. Nous

---

(1) Parmi les plus célèbres facteurs de Mystères du xvᵉ siècle, on cite « le très éloquent et scientifique docteur » Jean Michel, auteur de la *Passion de Jésus-Christ par personnages*, jouée à Angers en 1486. Jean

n'y trouvons aucun mystère de saint Pierre, mais seulement deux mystères de saint Pierre et de saint Paul, qui sont aussi du xv<sup>e</sup> siècle (1). Voici l'analyse de l'un d'eux, à défaut d'autres renseignements (2) :

« Au début de la pièce, saint Pierre est en scène et prêche l'Evangile aux « bourgoys » de Rome :

Seigneurs Romains qui de noblesce,
De sen, d'honneur et de prouesce
Estes renommez puissanment
En tous pais generaument,
Bien deussiez celuy aourer
Et concivoir et honnourer
Plus que nulle autre nascion
Qui sur tous dominacion
Vous a donnée et grant puissance.

---

Bouchet a inséré dans ses *Epîtres* (1517) ces vers de Pierre Gervaise, assesseur de l'official de Poitiers :

Voi par après ce maistre Jehan Michel
Qui fut d'Angiers évesque et patron tel
Qu'on le dict saint; il fit par personnages
La Passion et aultres beaux ouvrages.

Cet évêque d'Angers est le « bienheureux » Jean Michel, né à Beauvais. Devant le témoignage formel de Pierre Gervaise, MM. O. Leroy, Paul Lacroix, Louis Paris, etc., ont attribué à notre compatriote le drame de la Passion. Mais le Beauvaisin Jean Michel était mort en 1447, et la Passion jouée à Angers en 1486 n'est qu'un remaniement et une amplification plus ou moins heureuse de la *Passion* d'Arnoul Gréban, composée vers 1450. Arnoul Gréban et son frère Simon sont bien connus. Marot les appelle

Les deux Grébans au bien résonnant style.

Tous les dictionnaires biographiques les font naître à Compiègne, mais le fait n'est nullement prouvé. (Voir Petit de Julleville : *Les Mystères*, t. II, p. 317.)

(1) Un Mystère de saint Pierre et de saint Paul fut représenté à Compiègne en 1451 aux frais de la commune. (A. Sorel : *Notice sur les Mystères représentés à Compiègne*.)

(2) *Les Mystères*, t. II, p. 546.

« L'un d'eux lui répond orgueilleusement :

Bons homs, plus a de bien a Romme
Que tout le remenant du monde :
Tout sen, tout bien a Romme habonde.
Sy faictes que trop fol, vilains,
D'ensengnier les sages Rommains.
Les Rommains ne sont pas sy nices
Que les diex qui leur sont propices
Ils ne sachent bien aourer.

« Saint Pierre dispute contre Simon l'enchanteur et ressuscite un mort. Simon veut s'enlever en l'air, soutenu par les démons qui le laissent choir. Ces miracles convertissent Clément, qui succédera plus tard à saint Pierre. Néron et ses conseillers forment le projet de persécuter les chrétiens. Pierre, averti, consent à fuir ; il rencontre Jésus :

— Pierres, bien soies-tu venu !
— Sire Jhesus, et ou vas-tu ?
— Pierres, Pierres, a Romme vois.
Pour mourir de rechief en crois.
— Je m'en ravois, pardon, chier sire,
J'aperçois bien que voulez dire.

« Cette belle tradition est ainsi mise en scène avec assez de vivacité. Pierre, rentré à Rome, est poursuivi par les sbires de Néron qui s'appellent : Masquebignet, Hapelopin, Humebrouet, Menjumatin, Maubué, Castevin, Riffiars. Les deux apôtres sont saisis et menés devant Néron, qui les condamne à mort. Paul est décapité ; le bourreau, en levant la hache, ne manque pas de répéter une plaisanterie chère au moyen âge : « Sy le veuil faire cardinal. (Cy ly coupe le col.) »

« On crucifie saint Pierre, la tête en bas, sur sa demande. Les bourgeois veulent le défendre, le martyr les supplie de n'en rien faire ; trois sergents se convertissent sur le tombeau de saint Pierre. Cependant les bourgeois se révoltent contre Néron, qui se tue ; au ciel, Pierre et Paul revêtent « deux dalmatiques rouges et deux chapiaux de fleurs. » La pièce finit par l'élection du pape Clément, successeur de saint Pierre, qui prononce ces paroles :

La quel chose par charité,
Vous doint la sainte Trinité

Pour l'amour des benois Apostres.'
Vous, lais, dictes vos patrenostres,
Et vous, clercs, qui estre devez
Exemple de bien, sus, levez;
En publiant nos estatus
Chantez : *Te Deum laudamus.* »

Nous pouvons encore nous faire une idée du mystère de saint Pierre en parcourant les légendes des tapisseries données à la cathédrale par Guillaume de Hellande (1). Elles furent exécutées vers la même époque, comme nous l'apprend cette inscription :

Iceluy pasteur venerable
Meu d'une vertueuse plante
En l'an mil quatre cent soixante
Fit faire de bonne durée
Cest tapis ou est figurée
La belle vie saint Pierre (2).

Les tapisseries de la cathédrale nous montrent des monuments de marbre, d'albâtre, de serpentine et de jaspe, des personnages couverts de riches étoffes et de pierreries. Abstraction faite de tout ce luxe, elles nous renseignent certainement sur le costume des acteurs et sur la mise en scène du drame représenté à Beauvais.

On connait les beaux vers que Villon a placés dans la bouche de sa vieille mère. En contemplant les peintures de son église paroissiale, la bonne femme, ayant peur de l'enfer et désirant gagner le paradis, a voulu préparer son salut :

Femme je suis povrette et ancienne,
Ne riens ne sçay; oncques lettres ne leuz;
Au moustier voy dont suis paroissienne

---

(1) Voir Pièces justificatives, II.

(2) Dernière tapisserie. La première — qui n'existe plus — représentait Guillaume de Hellande à genoux devant saint Pierre et lui adressant ces vers :

A toi ce tapis je présente
Pour ton eglise decorer
Et ton saint nom plus honorer.
Rends mon âme de mal exempte.

Paradis painct, où sont harpes et luz,
Et ung enfer où damnez sont bouiluz.
L'ung me faict paour, l'autre joye et liesse;
La joye avoir fais moy, haulte deesse,
A qui pecheurs doivent tous recourir (1).

Si les peintures et les tapisseries qui décoraient les murs des églises impressionnaient ainsi les âmes naïves et croyantes du moyen âge, quel effet devaient produire les mystères avec leur mise en scène et leur action dramatique et variée !

Un grand mystère, dont nous ignorons le titre, fut encore joué sur la place de la cathédrale en 1536, et le chapitre fit remettre 30 sols de gratification aux musiciens qui avaient prêté leur concours à la représentation (2).

Le drame chrétien était alors bien dégénéré. Dans presque toutes les villes, les acteurs, pour retenir la foule qui commençait à se lasser de ces pieux spectacles, outraient la mise en scène, prodiguaient les épisodes comiques et les détails grossiers ou licencieux (3).

---

(1) *Ballade que Villon feit à la requeste de sa mère pour prier Nostre-Dame.*

(2) *Operantibus in januis Ecclesiæ menestrionibus dantur pro vino 30 s.* Dom Grenier : *Introduction*, p. 403.

(3) Nous ne voulons pas parler d'attaques contre la religion. On cite souvent ce dialogue d'un ange et de Dieu le Père :

— Père Eternel vous avez tort
Et devriez avoir vergogne,
Votre fils bien-aimé est mort
Et vous ronflez comme un ivrogne.
— Il est mort? — Foi d'homme de bien !
— Diable emporte qui en savait rien.

Mais on n'a jamais pu indiquer le mystère d'où il était extrait. M. Albert Réville (*Revue des Deux-Mondes*, 1er juillet 1868), convaincu de son authenticité, a voulu en donner une explication : « Pourquoi crier au scandale? Le poète n'a fait que traduire le psalmiste : *Réveille-toi, pourquoi dors-tu, Seigneur?* Sentiment qui vient facilement au cœur du croyant le plus soumis quand il assiste au triomphe insultant de l'iniquité. » Il faut, dit avec raison M. Petit de Julleville, une singulière bonne volonté pour trouver dans ces vers gouailleurs une traduction des psaumes.

En 1542, le procureur général près le parlement de Paris crut devoir défendre les représentations d'un *Jeu du Vieil Testament*. Le peuple, disait-il, abandonne les offices divins pour courir à ces représentations, et « les prêtres des paroisses, pour avoir leur passe-temps d'aller aux dits jeux, ont délaissé dire vêpres les jours de fête, et les ont dites tout seuls dès l'heure de midi; et même les chantres et chapelains les disaient en poste et à la légère pour aller aux dits jeux. » Il ajoutait aussi « qu'il y a plusieurs choses dans le Vieil Testament qu'il n'est expédient de déclarer au peuple, comme gens ignorants et imbéciles, qui pourraient prendre occasion de judaïsme, à faute d'intelligence. » Le scandale devenait un danger en fournissant aux sectateurs de la Réforme une trop juste occasion de déclamer contre la profanation des choses saintes. Un arrêt du parlement de Paris, rendu le 17 novembre 1548, enjoignit de ne jouer « que des sujets licites, profanes et honnêtes, avec défense de représenter aucun mystère de la Passion, ni autres mystères sacrés (1). »

L'arrêt ne s'appliquait, d'une façon expresse, qu'à la capitale; mais il est évident qu'il équivalait à une interdiction implicite des mystères, au moins dans le ressort du parlement de Paris (2).

Aucun drame sacré ne pouvant plus être joué à Beauvais, l'obligation où était le possesseur du fief de la Jonglerie de fournir des acteurs « aux quatre fêtes nataux et au jour de Saint-Pierre, » fut convertie en une redevance annuelle en argent (3).

---

(1) Les frères Parfaict : *Histoire du Théâtre français*.

(2) On trouve encore quelques représentations en province jusque dans les dernières années du XVIe siècle et même plus tard ; mais l'année 1548 n'en doit pas moins être regardée comme la date officielle qui marque la fin du théâtre chrétien en France. En 1552, Jodelle faisait jouer la première tragédie.

(3) Voir Pièces justificatives, I, 4°.

## IV

### L'ÉCOLE DES MÉNESTRELS.

Dans plusieurs villes du nord de la France, il se forma, au moyen âge, des sociétés de bourgeois, d'écoliers et d'artisans ayant pour but la culture de la musique et de la poésie. Ces réunions reçurent le nom de Puys, du latin *podium*, qui signifie tertre, tribune, éminence de toute nature; et, sans doute, on désignait par ce mot l'estrade sur laquelle, dans les concours établis, les concurrents venaient débiter leurs vers.

A l'origine, au xiᵉ siècle, au xiiᵉ, dans ces époques profondément religieuses, les Puys s'étaient formés sous l'invocation de la Sainte-Vierge, et les vers qu'on y présentait étaient presque toujours composés en son honneur. Au xiiiᵉ siècle, l'esprit laïque finit par y prévaloir, et presque tous les Puys furent « restaurés, » notamment celui d'Arras, comme le témoigne cette chanson (1) :

> Bien m'est del pui que je voi restoré.
> Pour sostenir amour, joie et jouvent
> Fu establis, et de joliété :
> En ce le voil essauchier bonnement.

Ces vers, on le voit, ne sauraient s'appliquer qu'à une compagnie assez profane. Les ballades, les chants royaux, les jeux par personnages devinrent alors les exercices favoris de ces Puys restaurés.

M. Magnin (2), M. Aubertin (3) et M. Petit de Julleville (4) citent, parmi les Puys les plus célèbres, celui de Beauvais. On peut, il est vrai, supposer qu'une société comme celles d'Amiens, d'Abbeville et d'Arras, fut formée dans notre ville; mais aucun document, à notre connaissance, n'en fait mention. Nous savons

(1) *Histoire littéraire de la France*, t. xx, p. 613.

(2) *Journal des savants*, 1846, p. 547.

(3) *Histoire de la littérature française au moyen âge*, t. i, p. 503.

(4) *Les Mystères*, t. i, p. 116.

seulement que Beauvais a possédé des poètes qui composèrent des *drames liturgiques* (les clercs), des *mystères* (Pierre Le Bastier), des *moralités* (Guillaume de Camaches), et des *chansons* renommées (les jongleurs).

A côté des Puys, sociétés libres et désintéressées, existaient les corporations des jongleurs, musiciens de profession. Seul ou en troupe, le jongleur, qui fut plus tard appelé ménestrel et ensuite ménétrier (1), se rendait aux tournois, aux foires, aux noces, dans les châteaux et dans les villes; il était un élément essentiel des fêtes ou des plaisirs publics. Dans les carrefours, il chantait des *dits* de métier qui se terminaient toujours par un appel à la munificence de ceux qui l'écoutaient :

> Quant de ce conte orront la fin,
> Qu'ils donnent ou argent ou vin
> Tout maintenant ou sans répit (2).

Il ramassait ainsi quelque argent et prenait le chemin de la taverne voisine :

> Et si j'ai votre argent, vous ne le plaindrez jà,
> Car si tôt que je l'ai le tavernier l'ara (3).

Dans les châteaux, il déclamait les dernières compositions poétiques des trouvères en renom, et la récolte alors était fructueuse :

> Au matin quand il fut gran jor,
> Furent payé li jongleor;
> Li un orent un biax palefroi,
> Bele robe et biax agrois,
> Li autres, selon qu'ils étoient,
> Tuit robes et deniers avoient.

---

(1) La rue des Ménétriers, à Paris, dit M. Aubertin, fut d'abord appelée *vicus Viellatorum* ou *Joculatorum*, puis rue des *Jugleours* (vers 1225), rue des *Jugleurs* (vers 1300), rue aux *Jongleurs* (1395), rue des *Ménestrels* (1400), rue des Ménétriers (vers 1482). — A Beauvais, la rue des Jongleurs existe encore sous le même nom.

(2) G. Lecocq : *Histoire du théâtre en Picardie*, p. 166.

(3) Fabliau du *Clerc devenu trouvère*.

Tuit furent payé à leur gré,
Li plus povre eurent à planté (1).

Quelquefois aussi le jongleur était aux gages d'une cité ou d'un seigneur.

Au XV^e siècle, les jongleurs de Beauvais formaient une école renommée où les ménestrels des villes voisines venaient tous les ans pour apprendre des « canchons » nouvelles, comme nous le voyons par cet extrait des Registres des Argentiers d'Abbeville (2) :

Année 1400.

— A pluisours ménestrels chi après nommés qui paiés leur ont esté du don a aux fait des graces de la ville pour aler os escolles à Biauvais ceste année. C'est assavoir a Jehan Lesage ; a menestreix Mons.r de Dampierre ; a menestreix Mons.r de Raynneval ; a menestreix Mons.r de Saint Pol et a pluisours autres menestreix de seigneurs et de bonnes villes, si quil appert par cedulle scellée du dit contre scel le VII^e jour de may l'an M. CCCC.

Pour tout ce.................................. IV liv. X s.

Année 1412.

— A Pierre Yvort et a ses compaignons menestrels demourans à Abbeville qui paiés leur ont esté par courtoisie des graces de la ville pour aler en present mois de mars aux escolles à Beauvais.

Pour ce.................................................. VIII s.

Année 1413.

— A pluisieurs menestreux cy apres nommez et declarez que donnez leur ont esté des graces de le ville pour aller aux escolles à Beauvais comme ilz ont chacun an accoustumé à faire pour lonneur et reverence de leurs seigneurs ; est assavoir :

Aux menestreux Mons. le vidame de Pinquegny.......... VIII s.
— M. le connestable de France............. VIII s.
— M. de Croy.............................. VIII s.
— Ph. de Harcourt......................... XII s.

Pour ce.................................... XXXVI s. parisis.

Année 1415.

— Aux menestreux de M. de Croy pour lonneur et reverence du dit seigneur et pour eux aler aux escolles à Beauvais.

Pour ce......... ............................... VIII s. parisis.

---

(1) *Berte aux grands piés.*

(2) *Mémoires de la Société des Antiquaires de Picardie*, t. XIII, p. 651.

— Aux menestreux de M. de Rainoval et de M. de Helly et à chacun deux pour eux aidier à payer leurs despens pour aler aux escolles à Beauvais ainsi pour eulx tous........................ VIII s. par.

Année 1416.

— Aux menestrelx de Monseigneur le vidame d'Amiens qui paié leur ont esté des graces de le ville pour aler aux escolles à Beauvais le moys de mars derrainement passé aprenre nouvelles canchons ainsi que chascun an on a accoustumé à faire........................ XII s. par.

En 1426, 1428, 1432, 1436, indications à peu près semblables. A partir de l'année 1455, les Registres cessent de faire mention des chansons et des ménestrels.

## V

## LES MOMEURS DU PONT-PINARD.

A côté des offices solennels qui enfantèrent le drame chrétien l'Eglise avait aussi des cérémonies joyeuses et bouffonnes, les fêtes du *Deposuit*, la fête des *Fous* ou de l'*Ane*, etc. (1). Elles donnèrent naissance à des confréries qui composèrent et jouèrent des Moralités, des Sotties et des Farces (2).

Beaucoup de ces sociétés existaient en province sous différents

---

(1) Voir l'Appendice : *Les fêtes de Noël à Beauvais.*

(2) La Moralité, comme son nom l'indique, avait pour but de faire pénétrer dans l'esprit des auditeurs une vérité morale. Aussi les personnages étaient-ils, en général, allégoriques. C'étaient des entités, des abstractions auxquelles on prêtait une vie réelle : l'*Avarice*, l'*Hypocrisie*, la *Gourmandise*, etc. Plus tard, les allégories se tranformeront en caractères, la *Gourmandise* deviendra le *Gourmand*, etc. Molière écrira le *Misanthrope*, *Tartufe*, l'*Avare*. Plusieurs pièces de nos jours, l'*Honneur et l'Argent* par exemple, sont des moralités.

La Sotie était une sorte de moralité, mais qui affectait les allures d'une vive satire et non celles d'un grave sermon. Les personnages étaient également allégoriques : *Abus*, *Clergé*, *Noblesse*, *Labour*, etc., et ces abstractions se transformèrent aussi plus tard en caractères. De la Sotie est née la comédie satirique, telle que l'a comprise et parfaite l'auteur des *Précieuses ridicules*, du *Bourgeois gentilhomme* et des

noms. C'était, à Rouen et à Evreux, la *Confrérie des Conards*, la *Procession du roi des Ribauds* à Cambrai, du *Prévôt des Etourdis* à Bouchain, du *roi de l'Epinette* à Lille, de la *Mère Folle* à Dijon; il y avait encore l'*Abbé des Foux* à Auxerre, l'*Abbé de Liesse* à Arras, l'*Abbé de Maugouvert* à Poitiers, les *Bavards de Notre-Dame de Confort* à Lyon, les *Veaulx*, les *Sobres Sots*, les *Fallots* ou *Falloticrs* de Rouen, les *Guespins* d'Orléans, etc.

Nous trouvons à Beauvais les *Momeurs du Pont-Pinard*, qui formaient probablement une association de ce genre.

Au mois de janvier 1483, de grandes réjouissances eurent lieu sur la place du marché, devant l'Hôtel-de-Ville, à l'occasion de la paix (1). Après le feu de joie, on défonça une « queue » de vin pour le peuple et on distribua soixante-sept douzaines de gâteaux aux enfants. Puis, sur un théâtre élevé pour la circonstance, on représenta une moralité composée par Guillaume de Camaches, maître de l'école de Saint-Pierre. Elle fut jouée par les momeurs du Pont-Pinard avec le concours des « farceurs de l'ostel de M. de Beauvais » et des chantres de la cathédrale. La ville, qui avait fourni aux acteurs leurs habillements de « sotz, » donna aux momeurs du Pont-Pinard 8 sous parisis et aux farceurs de l'évêché la même somme. Guillaume de Camaches n'ayant rien voulu accepter pour sa peine, le maire paya pour lui au collecteur sa taille, montant à 1 livre 5 sous tournois.

Quel était le sujet de cette Moralité? Nous l'ignorons; nous avons trouvé seulement quelques indications sur l'auteur. En 1493, il fut forcé d'abandonner ses fonctions « pour débilitation et ancienneté » et reçut une pension de la commune : « On baillera de par la ville, pour Dieu et par aumône, la somme de 12 livres tournois, par chacun an sa vie durant, audit Me Guil-

---

*Femmes savantes*. Aujourd'hui encore nous avons des soties : *Les Effrontés*, *Les Ganaches*, etc.

La Farce n'avait qu'un but : faire rire n'importe de qui, de quoi, ni comment. La farce de *Patelin* est bien connue. Molière a écrit *Monsieur de Pourceaugnac*, *Les Fourberies de Scapin*, *Le Médecin malgré lui*. On sait que ce genre est très en honneur de nos jours.

(1) Louis XI et Maximilien d'Autriche venaient de signer le traité d'Arras. (23 décembre 1482.)

laume de Gamaches, tant qu'il aura vie respirant au corps, pour les grandes peines et labeurs qu'il a eu pour enseigner soigneusement les enfants de la ville et du diocèse par l'espace de cinquante ans (1). »

Le curieux document que nous publions plus loin est le seul, à notre connaissance, qui fasse mention des momeurs du Pont-Pinard (2). On lit cependant dans *La Ligue à Beauvais* (introduction p. xxviii, entrée de Henri II) : « Quatre théâtres se succédaient, à la porte de l'Hôtel-Dieu, au carrefour de la rue Saint-Martin, devant Saint-Sauveur et à la porte du Châtel. Des joueurs d'instruments accompagnaient les moineurs (momeurs) du Pont-Pinard, représentant leurs mystères. » L'auteur s'est laissé entraîner par son imagination. Le registre des délibérations de la commune nous apprend que ces quatre théâtres étaient des échafauds destinés à recevoir seulement des « statues, écussons, tableaux et dictons en l'honneur du roi. »

## VI

### LES TAVERNES.

Le clergé, qui avait d'abord possédé seul un théâtre, celui du drame liturgique érigé dans l'église même, avait conservé sur le théâtre sécularisé une influence sensible. Jusqu'au dernier jour il prit une part active et personnelle à la représentation des mystères. Malgré l'opposition des évêques, devenus hostiles à ces jeux, les simples prêtres y tenaient encore leur rôle.

Dans ses constitutions synodales de 1554, le cardinal de Châtillon, évêque de Beauvais, fait défense aux clercs, surtout à ceux qui sont déjà revêtus des ordres sacrés, de prendre part ou

---

(1) Archives municipales : *Registre des délibérations de la commune*, 6 août 1493.

(2) Voir Pièces justificatives, III. — Doyen, qui a signalé l'existence des momeurs du Pont-Pinard (*Histoire de Beauvais*, t. I, p. 124), les appelle *moineurs;* mais la pièce conservée aux Archives municipales porte certainement *momeurs*. Sur ce mot, voir Du Cange, v° *Momerium*.

d'assister à des représentations dramatiques quelconques (1). Il ajoute : « *Non misceantur cœtibus ubi amatoria cantantur et turpia, ubi obsceni motus corporum choreis et saltibus efferuntur : ne clerici, qui sacris mysteriis deputati sunt, turpium spectaculorum ac verborum contagione polluantur.* »

M. Edouard Fleury voit dans ces tavernes, dont l'évêque de Beauvais défendait l'accès aux clercs (2), « des sortes de cafés-chantants, lesquels sont encore le théâtre..... On avait donc inventé au XVI<sup>e</sup> siècle, et on en avait doté déjà nos villes provinciales, l'*Alcasar* avec des Thérésa risquant leurs *amatoria* effrontés, les cafés-concerts de nos Champs-Elysées, sur l'estrade desquels des demoiselles en robes à la vierge roucoulent, la bouche en cœur, des *cantilenas* de genre tendre (3). » Il est certain que les ménétriers chantaient souvent des chansons grivoises dans les lieux publics et les danses de nos pères n'avaient peut-être pas toujours toute la décence désirable, mais le savant érudit nous paraît exagérer singulièrement les choses dans le passage précédent et dans le suivant : « Il y a donc plus de trois cents ans qu'ont été créés les *Grande-Chaumière*, les *Closerie des Lilas*, les *Château-Rouge* et *Bullier*, où d'antiques Céleste Mogador et Musette luttaient de grâce dans le noble exercice de moucher le municipal de planton avec le bout du gros orteil de leur joli pied mutin, pendant qu'auprès d'elles leurs aimables Rigolboche créaient des déhanchements nouveaux : *Ubi obsceni motus corporum choreis et saltibus efferuntur*. Et dire que nos temps ont cru créer un progrès en ce genre ! »

---

(1) « *Larvales ac theatrales jocos, tripudia, et his similia ludibria, nec non omnem alium cum laicis ludum, præsertim publice..... omnino clericis inhibemus.* »

(2) En 1481, le synode diocésain de Tournay avait dit : « *Inhibemus... spectacula frequentare... sed a frequentatione* TABERNARUM *et ludorum illicitorum penitus abstineant.* »

(3) *Origines et Développement de l'art théâtral dans la province ecclésiastique de Reims*, p. 97.

## VII

### LA RENAISSANCE DRAMATIQUE.

C'est par les travaux d'érudition que la Renaissance commença en France, comme dans tous les autres pays, et, dès le commencement du XVIe siècle, l'étude des chefs-d'œuvre du théâtre antique, des comédies de Térence et de Plaute, des tragédies de Sophocle, d'Euripide et de Sénèque était fort répandue.

Au moment où le parlement de Paris interdisait la représentation des mystères sacrés, Joachim du Bellay jetait à ses contemporains son éclatant appel : « Ly donques et rely premierement, ô poëte futur, feuillette de main nocturne et journelle les exemplaires grecz et latins, puis me laisse toutes ces vieilles poësies francoyses aux jeux Floraux de Toulouse, au Puy de Rouen, comme rondeaux, ballades, vyrelaiz, chantz royaulx, chansons et aultres telles episseries qui corrumpent le goust de nostre langue..... Quant aux comédies et tragédies, si les roys et les republiques les vouloient restituer en leur ancienne dignité, qu'ont usurpée les farces et moralitez, je seroy bien d'opinion que tu l'y employasses ; et si tu le veux faire pour l'ornement de ta langue, tu sçais où tu en doibs trouver les archétypes..... La donq', Françoys, marchez courageusement vers cette superbe cité romaine, et des serves dépouilles d'elle (comme vous avez fait plus d'une fois) ornez vos temples et autelz..... Donnez en cette Grèce menteresse et y semez encore un coup la fameuse nation des Gallogrecz. Pillez-moy sans conscience les sacrez thesors de ce temple Delphique, ainsi que vous avez fait autrefoys..... (1). »

Fidèles à ce programme, les poètes de la Pléiade franchirent d'un bond nos antiquités nationales et vinrent s'abattre au milieu d'Athènes et de Rome. Pour ces doctes personnages, rester Français c'était rester barbare; ils crurent travailler d'autant mieux à la gloire de leur pays qu'ils ne lui empruntaient rien et prenaient tout aux anciennes littératures. Les pièces qu'ils com-

(1) La *Deffence et Illustration de la langue françoise.*

posèrent sont « une reproduction scrupuleuse, une contrefaçon parfaite » des formes du théâtre antique. « Ecoliers robustes, dit encore Sainte-Beuve, ils n'ont pas entendu le premier mot à cet art ingénieux et profond qui, de la lecture des anciens, sut tirer plus tard des tragédies comme *Iphigénie*, des comédies comme *Amphitryon* (1). » C'est vrai, mais il nous semble qu'il faut tenir compte à ces novateurs de leurs efforts : ils ont créé le genre dans lequel d'autres s'illustrèrent (2).

En 1552, Etienne Jodelle faisait jouer au collége de Boncourt la première tragédie, *Cléopâtre*, et la première comédie, *Eugène*. Jacques Grévin, de Clermont-en-Beauvaisis, suivait bientôt l'exemple du poète parisien et surpassait son modèle (3). L'astre

(1) *Tableau* de la poésie française au XVIe siècle.

(2) Très sévère pour la Pléiade, M. Paul Albert ne lui pardonne pas la création de « cette fameuse tragédie, qui fut pendant trois cents ans notre idéal dramatique, et que nous avons laissée mourir d'inanition. » *La littérature française des origines au* XVIIe *siècle*, p. 220. — L'arrêt du parlement ne visait que les mystères et laissait le champ libre à la comédie nationale qui soutint facilement, jusqu'à la fin du XVIe siècle, la concurrence de la comédie savante. A cette époque, elle emprunta à la farce italienne, la *Commedia dell' arte*, qui venait d'être introduite en France, ses dénouements et ses plus fameux personnages. Sous cette forme agrandie et mélangée, elle arriva jusqu'à Molière. — Voir L. Moland : *Molière et la comédie italienne*.

(3) La *Trésorière* de Jacques Grévin fut donnée au collége de Beauvais (à Paris) le 5 février 1558, et deux ans après, le 16 février 1560, on représenta dans le même collége deux autres pièces du même auteur, *César ou la liberté vengée* et les *Esbahis*, en présence de la cour et de la duchesse de Lorraine, pour les noces de laquelle avait été composée cette dernière comédie. Le collége de Beauvais, à Paris, avait été fondé en 1367 par Jean de Dormans, évêque de notre ville. Nous lisons dans les *Notes* manuscrites d'Etienne de Nully : « *Veaux de Beauvais — Quid ?* — On voit par les œuvres et poésies françoises de Grevin, poete de Clermont, que ces veaux étoient des jeux en vers satiriques qui se faisoient à Paris, au collége de Beauvais, tous les ans. Ainsi on dit : les *Prophètes* de Navarre, les *Arbaletriers* du Plessis. Vitré disoit que cela etoit dit de cette ville sur ce qu'un bailly et un procureur-fiscal faisant leur visite aux bouchers de cette ville, le procureur-fiscal dit : *On ne voit des veaux à la boucherie que quand M. le bailly et moy y font la visite.* »

le plus brillant de la Pléiade, Ronsard, lui adressait les vers suivants :

Jodelle, le premier, d'une plainte hardie
Françoisement chanta la Grecque tragédie :
Puis en changeant de ton, chanta devant nos Rois
La jeune comédie en langage François,
Et si bien les sonna que Sophocle et Ménandre,
Tant fussent-ils sçavans, y eussent peu apprendre.
Et toy, Grevin après, toy mon Grevin encor,
Qui dores ton menton d'un petit crespe d'or,
A qui vingt et deux ans n'ont pas clos les années,
Tu nous as toutesfois les Muses amenées,
Et nous as surmontez, qui sommes jà grisons,
Et qui pensions avoir Phebus en nos maisons.

Grévin est, en effet, bien supérieur à Jodelle. On trouve dans son *César*, dit La Harpe, « des idées grandes et fortes, et le ton de la tragédie. » Voici quelques vers du troisième acte :

Heureux et plus heureux l'homme qui est content
D'un petit bien acquis, et qui n'en veut qu'autant
Que son train le requiert! Là il vit à sa table,
Toujours accompagné d'un repos désirable ;
Il n'a souci d'autrui ; l'espoir des grands trésors
Ne lui va martelant ni l'âme, ni le corps ;
Il se rit des plus grands, et leurs maux il écoute,
Il n'est craint de personne, et personne redoute ;
Il voit les grands seigneurs, et contemplant de loin,
Il rit leur convoitise et leurs maux et leur soin ;
Il rit les vains honneurs qu'ils bâtissent en tête,
Dont les premiers de tous, ils sentent la tempête,
Si le ciel murmurant les voit de mauvais œil,
Accablant tout d'un coup le bonheur et l'orgueil.

Au XVIIe siècle, la tragédie arrive à la perfection avec Corneille et Racine (1), la comédie avec Molière (2).

Des troupes de comédiens parcourent les villes de province

(1) Nous rappellerons que Racine avait fait presque toutes ses études au collège de notre ville.

(2) On sait que la famille de Molière était originaire de Beauvais.

et y donnent des représentations. Scarron, dans le *Roman comique*, nous a raconté leurs tribulations (1). A Beauvais, Mgr l'évêque-comte les tolérait « parce qu'il faut quelquefois donner quelque chose aux divertissements du public, » mais il ne leur permettait qu'un très court séjour (2).

Nous n'avons trouvé, sur les spectacles donnés dans notre ville à cette époque, que la liste suivante dressée par Le Cat, procureur-fiscal de la comté-pairie, garde des archives de l'évêché (3) :

J'ay veu parmi les reglemens de police qui sont aux Archives de l'evesché une permission accordée à des comédiens, qui est du 20e febvrier 1601.

Il y en a une autre du 18 aoust 1687, pour des marionnettes.

Il y en a une pour des danseurs de corde, qui est du 6 octobre 1701.

Il y a eu permission de montrer un éléphant, le 3e avril 1700.

Il y a eu autre permission de montrer des ours, le 14e may 1700.

Il y a eu permission de montrer une machine qui représentoit les chasteaux de Versailles, Marly et autres, le 29e septembre 1701.

Une autre, le 2e juillet 1700, pour faire plusieurs exercices par un homme sans mains, avec ses pieds.

Une autre, du 4e aoust 1704, pour montrer des figures de cire représentans la cour de Baltazar, roi de Babilone (4).

Comme on le voit, cette liste — probablement fort incomplète — ne mentionne pendant ce long espace de temps qu'une

---

(1) « Au dix-septième siècle surtout, les troupes de province, véritables bandes de farceurs de bas étage, n'avaient en général ni consistance ni la moindre considération. Il faut en excepter pourtant celle dont Molière dirigea les pérégrinations, de 1645 à 1658, et quelques autres encore, celles par exemple à la tête desquelles étaient Floridor, avant d'entrer à l'Hôtel de Bourgogne, Monsinge dit Paphetin, ou Filandre. Chappuzeau, dans son *Europe vivante* (1661, in-4°), nous apprend qu'il y avait alors douze troupes ambulantes qui parcouraient la province. » — V. Fournel, *Curiosités théâtrales*, p. 110.

(2) Voir Pièces justificatives, IV.

(3) *Instructions pour l'exercice de la police épiscopale à Beauvais*, Archives de l'Oise, G 15.

(4) Ces figures de cire, ces images de châteaux et cet éléphant durent

seule troupe de comédiens. Où donna-t-elle ses représentations? Quelles furent les pièces jouées? Nous ne pouvons répondre à ces questions; nous savons seulement que le prix des places était de 12 deniers (1).

## VIII

### REPRÉSENTATIONS DANS LES COLLÈGES.

Les collèges, qui, au XVIe siècle, avaient joué les premières pièces de la Renaissance dramatique, continuèrent de donner des représentations pendant les deux siècles suivants.

Leur répertoire était très varié. Il comprenait des pièces scolaires, comme la *Défaite du solécisme*, où l'on voyait *Aoriste* dialoguer avec *Supin en u*, et *Infinitif*, vainqueur de *Que retranché*, danser une gavotte devant le corps de son ennemi expirant; des tragédies; des comédies; et même des opéras et des ballets. Dans les villes de province, traversées rarement par des troupes de comédiens, ces représentations étaient très courues (2). Le

---

avoir un grand succès, car le peuple a toujours aimé ce genre de spectacle, *his nam plebecula gaudet :*

> *Captivum portatur ebur, captiva Corinthus,*
> . . . . . . . . . . . . . . . . . . . .
> *Sive elephas albus vulgi converteret ora.*
>
> HORACE, *Épitres*, II, 1.

(1) Voir Pièces justificatives, IV.

(2) Toujours habiles, les jésuites mirent à profit cet empressement du public. Loret, qui assista au collège de Saint-Ignace, en août 1658, à une tragédie latine, *Athalie*, nous apprend, dans sa *Muse historique*, qu'il paya 15 sous, le prix qu'il aurait donné à l'hôtel de Bourgogne pour voir une tragédie de Corneille. Il est vrai qu'il en eut pour son argent, car, outre la tragédie,

> On y dansa quatre ballets,
> Moitié graves, moitié follets,
> Chacun ayant plusieurs entrées,
> Dont plusieurs furent admirées,
> Et vrai comme rimeur je suis,
> La Vérité sortant du puits,

procès-verbal suivant nous montre la foule forçant les portes du collège de Senlis :

Le jeudy dernier jour de février 1658, les échevins, ayans etez conviés par le principal du collège, nommé Mᵉ François Testu, d'assister à une tragicomédie latine et à une comédie françoise qui se devoit jouer par ses écoliers, dans la chapelle du dit collège, et nous y étans transportez avec les trois autres échevins assistés d'un officier de la ville, à trois heures et demy, suivant l'heure portée et affixée, le principal nous auroit dit qu'on avoit forcé les portes et qu'il n'y avoit point de place, ce qui nous auroit obligé de monter par dessus le théâtre par une fenêtre du jardin, ou estans, sur quelque bruit et quelque sifflement qui se seroit fait par la populace, nous aurions pris la parolle et dit hautement qu'il n'y avoit point à rire pour tout le monde et que si les échevins n'avoient leurs places, qu'on ne jouerait pas ce jour là, et à l'instant M.ʳ le lieutenant-général qui etoit présent seroit sorty de la chapelle et ensuite tous les assistans, et les écoliers représentèrent de notre consentement le lendemain, dans la chapelle du chasteau, où nous assistames pour y avoir fait porter des chaises de l'hôtel de la ville. — *A la marge :* Nota que M. le lieutenant-général dit comme en colère : *Je vous quitte ma place*, et sortit la dessus (1).

La distribution des prix était presque toujours précédée d'une représentation théâtrale, et, quand la pièce était l'œuvre d'un professeur du collège, cette solennité classique n'offrait que plus d'attraits. « Les 19 et 20 août 1720, le collège de Beauvais voyait une foule nombreuse se presser dans ses murs, impatiente d'assister aux premiers essais dramatiques de l'abbé Jacques de La Rue, professeur de rhétorique. On y jouait deux pièces de sa composition : *Daniel*, tragédie sacrée en cinq actes et en vers,

---

Par ses pas et ses pirouettes,
Ravit et prudes et coquettes.

Dreux du Radier dit encore dans ses *Récréations historiques*, 1767 : « Les jésuites, quand ils jouaient des pièces de théâtre, ont toujours fait payer le même prix que les comédiens .... Dans leurs collèges de province, ils ont toujours fait payer. J'ai payé à Poitiers pour y voir une très mauvaise pièce intitulée *Radegonde*, et un ballet plus ridicule et plus mauvais que la pièce. »

(1) Afforty : *Collectanea Sylvanectensia*. — L'abbé Müller : *Monographie des rues de Senlis* (Ecoles).

et *Les Captifs*, comédie en trois actes et en vers, tirée de Plaute. Pour que rien ne manquât à la fête, la tragédie était précédée d'un prologue, et, afin de tenir la balance égale, un épilogue terminait la comédie; de plus, entre les deux pièces, un acteur récita, comme intermède, une traduction en vers du psaume cent onzième, que de La Rue avait faite en 1718 et qui est imprimée dans le *Mercure de France* du mois de novembre 1721. Les spectateurs les plus exigeants auraient eu mauvaise grâce de ne pas être satisfaits (1). »

L'abbé de La Rue quitta le collège de Beauvais pendant quelque temps, mais il y rentra, comme principal, en 1730. Revenu sur le théâtre de ses premiers exploits, il fit probablement entendre aux habitants de notre ville de nouvelles productions de sa muse féconde. Ayant donné sa démission en 1730, il se consacra tout entier à la poésie et échangea son bréviaire, nous dit-il dans une épigramme, contre l'édition elzévirienne d'Horace avec les notes de Jean Bond :

La semaine dernière,
Un chanoine, dit-on,
Troqua son bréviaire
Contre un fort beau *jambon*.

Il voulait ranimer l'inspiration que l'âge commençait à refroidir :

Hélas! à soixante ans, la vieillesse pesante
M'annonce que l'esprit décline avec le corps;
Et des maux, qu'elle amène, une suite effrayante
Du cerveau le meilleur attaque les ressorts.
Je ne le sens que trop : cette froide vieillesse
Avance chaque jour, arrive à petits pas;
Et mes vers n'ont plus ces appas
Qu'autrefois leur donnait la brillante jeunesse.

O merveilleux effet d'Horace, « vin vieux qui rajeunit les ans! » De La Rue vit ses vers reprendre leurs « appas, » et il rima jusqu'à son dernier jour (2).

---

(1) V. de Beauvillé : *Doc. inédits concernant la Picardie*, t. II, p. XXXIX.

(2) L'abbé de La Rue mourut à Beauvais, le 10 août 1761, à l'âge de soixante et onze ans. Il fut enterré dans la nef de la cathédrale, à côté

Les religieux de Saint-Germer, qui avaient établi un collège dans leur abbaye, donnaient aussi des représentations. Le 23 mai 1702, messire François-Honorat-Antoine de Beauvilliers, nommé abbé commendataire l'année précédente, vint assister à la distribution des prix. « D. Jacques Le Lièvre fit jouer une grande tragédie sur l'éducation de la noblesse (1); elle fut très bien jouée, elle dura bien sept heures. » C'était un peu long, mais « l'abbé donna la collation à toute l'assemblée, qui était grande, savoir : du vin, de la limonade, des dragées, quelques gâteaux, échaudés, etc., qu'il avait apportés. » En 1758, on joua la tragédie de *Brutus*. « Cette représentation fit beaucoup d'honneur à D. Trouvain, pour lors directeur du collège, et surtout à D. Cardon, professeur de rhétorique (2). »

Ce n'était pas seulement dans les collèges qu'avaient lieu des représentations de ce genre. Au commencement du XVII$^e$ siècle, les religieuses de Maubuisson, d'après le récit de la mère Angélique de Saint-Jean, « passaient tout leur temps hors de l'office à se divertir en toutes les manières qu'elles pouvaient, à jouer des comédies pour réjouir les compagnies qui les venaient voir (3). » Sur la demande de M$^{me}$ de Maintenon, Racine

du chanoine Antoine Auxcousteaux Ses œuvres manuscrites, comprenant des poésies, des sermons, des discours, etc, forment onze volumes in-quarto et in-folio, qui sont aujourd'hui la propriété de M. V. de Beauvillé.

(1) Cette pièce était de circonstance, car le collège avait été établi par les religieux « voyant l'extrême nécessité de quantité de gentilshommes demeurant dans les paroisses qui sont aux environs de l'abbaye, lesquels souvent n'ont pas même du pain à manger, en sorte qu'ils ont grand peine à nourrir et élever leurs enfants et ne leur peuvent faire donner les instructions nécessaires. » On y nourrissait, enseignait et élevait dans la piété « un certain nombre d'enfants nobles, gratuitement, jusqu'à ce qu'ils aient atteint un âge dans lequel ils puissent, après une mûre délibération, embrasser l'état ecclésiastique et religieux, ou, s'ils aiment mieux retourner dans le monde, qu'ils y puissent vivre en honnêtes gens, à la satisfaction et honneur de leurs familles, suivant leurs qualités. »

(2) *Doc. inéd. concernant la Picardie*, II, p. 491, 510.

(3) Sainte-Beuve : *Port-Royal*, l. I, chap. 8.

composait *Esther* et *Athalie* pour les demoiselles de Saint-Cyr.

Le *Journal* de Dangeau cite, parmi les spectateurs de la première représentation d'*Esther*, « MM. les évêques de Beauvais et de Meaux. » Les *Instructions* que nous publions montrent que si Mgr de Forbin-Janson était sévère à l'égard des spectacles il les permettait cependant quelquefois. Sa présence chez les demoiselles de Saint-Cyr n'a donc rien de surprenant; mais on peut s'étonner de celle de Bossuet. On sait combien ce dernier fut injuste et impitoyable envers Molière (1). Il se montra aussi bien rigoureux à l'égard de Corneille. Pour prouver l'immoralité du *Cid*, il affirme « que tout le dessein du poète, toute la fin de son travail, c'est qu'on soit, comme son héros, épris des belles personnes. » Il ne saurait permettre « d'étaler la passion de l'amour, même par rapport au licite, attendu que le mariage présuppose la concupiscence, qui, selon les règles de la foi, est un mal auquel il faut résister. » Il blâme « cette indécence qu'on voit parmi nous d'introduire des femmes sur le théâtre. Les païens mêmes croyaient qu'un sexe consacré à la pudeur ne

(1) Il le représente comme « étalant au plus grand jour les avantages d'une infâme tolérance dans les maris, et sollicitant les femmes à de honteuses vengeances contre leurs jaloux. » Il ajoute : « La postérité saura peut-être la fin de ce poète-comédien, qui, en jouant son *Malade imaginaire* ou son *Médecin par force*, reçut la dernière atteinte de la maladie dont il mourut peu d'heures après, et passa des plaisanteries du théâtre parmi lesquelles il rendit presque le dernier soupir au tribunal de Celui qui a dit : Malheur à vous qui riez, car vous pleurerez ! *(Maximes et Réflexions sur la comédie.)* — Deux cardinaux, Richelieu et Mazarin, s'étaient déclarés les protecteurs du théâtre ; et, pour faire leur cour à ces puissants ministres, des membres du clergé avaient pris part à des représentations. Jeune, Louis XIV n'avait pas dédaigné de monter lui-même sur la scène et de jouer un rôle dans les ballets mêlés aux comédies. Dans la seconde partie de son règne, il cessa de s'intéresser au théâtre, et des prélats purent attaquer les spectacles sans avoir à craindre de censurer un des goûts du roi. Jusque-là un seul avait osé le faire, Nicole, en 1666, et il le fit avec une véhémence qui ne fut guère dépassée par Bossuet même, à une date où il n'y avait plus aucun péril. » Voir E. Despois : *Le Théâtre français sous Louis XIV.*

devait pas ainsi se livrer au public, et que c'était là une espèce de prostitution (1). »

Bossuet assiste cependant à la première représentation d'*Esther*. Et la pièce est jouée par les demoiselles de Saint-Cyr. Et si Esther, inconnue d'Assuérus, parmi « tant de beautés, » a fixé sur elle le choix du monarque la première fois qu'elle parut devant lui, c'est que, comme elle le dit elle-même avec modestie,

De ses faibles attraits le roi parut frappé ;

ce qui *présuppose la concupiscence*. « Qu'on ne pense pas qu'il y eût surprise, car il y eut récidive. Bossuet assistait encore plus tard à la représentation dont Mme de Sévigné nous a donné le récit. Comment faisait-il pour concilier sa propre présence avec son opinion que montrer ainsi des femmes sur le théâtre était une *espèce de prostitution*. Il était plus conséquent avec lui-même quand, dans son diocèse, il écrivait au présidial de Meaux pour lui recommander d'*empêcher les marionnettes*, qui, selon lui, par leurs discours et par l'heure même des représentations, *portaient au mal* (2). »

## IX

### LA TRAGÉDIE D'ARAIGNON.

Le 4 octobre 1765, un avocat au parlement de Paris, nommé Araignon, écrivait au Corps de Ville pour le prier de vouloir bien accepter la dédicace d'une tragédie en cinq actes sur le *Siège de Beauvais* (3) :

---

(1) Dans son *Idée sur les spectacles anciens et modernes*, publiée en 1666, l'abbé de Pure, bien connu par les *Satires* de Boileau, admet les femmes sur la scène et émet ce vœu : « Il serait à souhaiter que toutes les comédiennes fussent et jeunes et belles, et, s'il se pouvait, toujours filles ou du moins jamais grosses. Car, outre ce que la fécondité de leur ventre coûte à la beauté de leur visage ou de leur taille, c'est un mal qui dure plus depuis qu'il a commencé qu'il ne tarde à revenir depuis qu'il a fini. »

(2) E. Despois : *Le Théâtre français sous Louis XIV*, p. 257, 264.

(3) La correspondance d'Araignon avec le Corps de Ville est conservée aux Archives municipales, JJ 42.

« ..... Votre ville s'est immortalisée dès 1472, sous le règne de Louis XI, par sa glorieuse défense contre une armée formidable de Bourguignons, d'Anglais et de Flamands. Vous sûtes forcer ces fiers ennemis d'abandonner, en frémissant, vos Remparts, Temple de la valeur. Cette époque, à jamais mémorable, m'a fourni le sujet du *Siège de Beauvais*, tragédie où transpirent partout, avec ingénuité, les sentiments patriotiques les plus grands, liés de concert avec l'étonnant pouvoir d'un amour extrême pour son Roi, sur vos âmes vraiment citoyennes..... »

L'auteur, ne pouvant faire jouer sa pièce à Paris (1), s'était

---

(1) Araignon croyait avoir procréé un chef-d'œuvre. Il écrivait à la Ville : « ..... Si, pendant mon séjour en Allemagne, Monsieur de Belloy ne m'avait pas forcé de vitesse par sa sublime tragédie du *Siège de Calais*, j'aurais pu me flatter, sans prétention, de faire jouer la mienne..... » — On sait l'immense succès de la pièce de B. de Belloy. Les représentations en furent interrompues pendant quelque temps à la suite d'une grave affaire connue sous le nom de *Journée du Siège de Calais* (15 avril 1765). « Le comédien Dubois, traité d'une maladie honteuse par un chirurgien, qui réclamait ses honoraires, prétendait l'avoir payé, en présence de son camarade Blainville (ce que confirmait celui-ci); et il offrait d'en faire serment en justice. Le chirurgien répandit un mémoire où il soutenait qu'un comédien ne pouvait être admis au serment. Les acteurs, irrités que Dubois eût donné lieu à un factum si insultant pour eux, et ayant de fortes raisons de suspecter la vérité de sa déclaration, l'expulsèrent unanimement, ainsi que Blainville. Le renvoi de ce dernier ne souffrit pas la moindre difficulté; mais la fille du premier, Mademoiselle Dubois, obtint des gentilshommes de la chambre une révocation au moins provisoire de cette mesure, portant que le roi se réservait la décision de l'affaire, et que Dubois jouerait, en attendant, son rôle dans le *Siège de Calais*. C'était quelques heures seulement avant la représentation. Lekain, Molé, Brizard, ne parurent point au théâtre. Mademoiselle Clairon y vint, puis retourna chez elle. Il n'y avait pas moyen de commencer la pièce. On essaye de haranguer le public et de donner le *Joueur* avec Préville; mais Préville est sifflé au milieu des vociférations les plus épouvantables; les spectateurs réclament à grands cris : le *Siège! Clairon en prison!* etc. Ce tumulte inouï dura jusqu'à sept heures du soir; on rendit l'argent. Le lendemain, la comédie n'ouvrit pas. Mademoiselle Clairon fut conduite au For-l'Evêque, et depuis elle s'obstina à

décidé à la faire imprimer à ses frais à deux mille exemplaires. « Tous les exemplaires de cette tragédie, disait-il, resteront en dépôt chez moi, jusqu'à ce qu'il vous ait plu de me mander que vous permettez qu'ils soient rendus publics. »

MM. les maire et pairs lui répondirent :

« La peine que vous prenez d'immortaliser notre ville pénètre nos cœurs de la plus vive reconnaissance. Quel dommage que chaque siècle ne produise point des *Araignons!* Que d'actions héroïques sortiraient de l'oubly! Que de héros se formeraient à l'exemple de leurs pères, s'ils étaient certains de rencontrer des auteurs assez généreux pour les préconiser! Car, vous le sçavez, Monsieur, et sans doute mieux que qui ce soit, la gloire de se survivre est la passion des belles âmes, des âmes sublimes, des âmes qui, comme la vôtre, tendent à l'immortalité..... »

Araignon, ravi de ces louanges, pressa l'imprimeur, et, le 16 décembre, il envoyait à la Ville cinquante exemplaires de sa pièce (1), avec une épître dans laquelle il disait modestement : « ..... Si vous poussiez l'excès d'indulgence jusqu'à croire ma tragédie digne d'être un jour représentée chez vous..... » Mais Beauvais n'avait pas encore de théâtre et le Corps de Ville ne pouvait donner cette satisfaction au sieur Araignon. De plus, la pièce travestissait l'Histoire d'une si singulière façon, que sa représentation dans notre ville était complètement impossible.

Dans le *Siège de Beauvais*, Jeanne-Hachette est « l'épouse de Colin Pilon, lieutenant de Louis Gomel, sieur de Balagni. » Elle a trois fils. Deux sont tués dans un combat; le troisième, Aurelie, est l'amant d'Elmire, fille de Binet, maire de Beauvais.

---

ne pas rentrer au théâtre. Molé, Brizard, Lekain, se rendirent, quarante-huit heures après, à la même prison et y restèrent vingt-quatre jours. On rouvrit le mercredi, et Bellecourt demanda humblement pardon au public, au nom de toute la Société. » V. Fournel : *Curiosités théâtrales*, p. 301.

(1) *Le Siège de Beauvais ou Jeanne Laisné*, tragédie en cinq actes, par M. Araignon, avocat au parlement. Le prix est de 30 sols. A Paris, de l'imprimerie de Michel Lambert, rue des Cordeliers, au collège de Bourgogne. M DCC LXVI. — La pièce est précédée d'une dédicace *A Messieurs les Maire, Pairs et Echevins de la ville de Beauvais.*

Ce n'est pas « la commandante, » c'est Elmire qui enlève le drapeau :

BINET, *appercevant Elmire tenant un étendard des ennemis.*

Mais j'apperçois ma fille..... A sa démarche fière
Tout annonce dans elle une valeur guerrière.

ELMIRE, *avec véhémence.*

Il n'est plus l'ennemi qui portait ce drapeau :
Oui, mon bras l'a plongé dans la nuit du tombeau.....
Vers nos plus hauts remparts je le vois qui s'élance :
Il s'y fait distinguer par sa noble présence.
Tous les coups effrayans de son funeste bras
Sur nos murs glorieux font voler le trépas.
Le meurtre, la fureur, le désespoir terrible,
Enivrés du plaisir de ce spectacle horrible,
Animaient le Soldat de leurs affreux regards.
J'attaque ce Héros au milieu des hazards.....
Il m'apperçoit..... et, fier de me pouvoir combattre,
Il compte que son bras suffisait pour m'abattre.....
Mars semblait inspirer cet illustre vainqueur ;
Mais mon cœur qui ne sait ce que c'est que terreur,
Oppose à cet Anglais une ferme vaillance.
La victoire longtemps entre nous deux balance,
Il menace mes jours, l'instant est décisif.
A ce noble duel le Soldat attentif
S'arrête de concert..... Mon ennemi me presse,
M'attaque, se défend ; sa valeur, son adresse,
Lui font porter, parer les plus terribles coups,
De triompher de lui qui n'eût été jaloux ?
Enfin j'en ai la gloire..... Oui, malgré son courage,
Ce poignard, dans son cœur, s'est frayé le passage.

On crut cependant qu'il fallait remercier l'auteur « de l'envoi de ses cinquante exemplaires à 30 sols, » en lui faisant un cadeau quelconque. Les maire et pairs, fort embarrassés, envoyèrent deux exemplaires de la pièce à M. Bertier de Sauvigny, intendant de la généralité de Paris, et lui demandèrent conseil. « ..... Nous soumettons la pièce à votre jugement. Oserions-nous vous demander ce que nous pouvons faire pour l'auteur, qui a témoigné du moins sa bonne volonté. »

La réponse de l'intendant se fit longtemps attendre. Le 27 février 1766, Araignon écrivait au Corps de Ville pour se plaindre qu'on ne l'avait pas encore remercié de son œuvre, alors qu'à Paris il recevait les félicitations de plusieurs grands seigneurs qui avaient lu sa pièce. Quelques jours après, ayant entendu dire que, loin de penser à le féliciter, les Beauvaisins se moquaient de lui et de sa tragédie, il se plaignit amèrement à M. Bertier de Sauvigny. Mais il fit bientôt amende honorable en adressant aux maire et pairs la lettre suivante que nous croyons devoir donner en entier :

« De Paris, ce 10e mars 1766.

« Messieurs,

« Permettez qu'interrompant malgré moy vos importantes occupations, j'aye l'honneur de vous faire part de quelques réflexions qui me sont venues, le brouillon de la lettre écrite à Monseigneur l'Intendant par moi me tombant à l'instant sous la main. Si jamais l'original vous parvenait, il est juste que vous sachiez d'avance les motifs qui m'ont guidé et ce que je pense actuellement de tout cela.

« Une personne très recommandable et croyable à tous égards, Messieurs, m'avait assuré qu'un des Messieurs du Corps de Ville qui vint chez moy sur la fin de la foire Saint-Denis me demander de la part du maire de Beauvais le manuscrit de ma tragédie pour vingt-quatre heures avait abusé de ma confiance et tiré une copie informe du drame de *Jeanne Hachette*. On m'a ajouté, Messieurs, que la même personne avait jetté un ridicul sur la pièce et l'auteur, qu'il allait s'éguayer à mes dépens dans plusieurs notables maisons, et notamment chez Messieurs les grands vicaires de Monseigneur le cardinal.

« Je puis sans rougir, Messieurs, vous avouer tout naturellement que pensant tristement dernièrement au procédé peu noble de ce Monsieur, j'eus tout de suitte la simplicité d'imaginer que vous me regardiez aussi avec les mêmes yeux : mon amour propre alors irrité, par ce qu'il prenait pour réalité cette chimère que ma mélancolie venait de me former, fut cause que j'eus l'honneur d'écrire dans cette situation d'esprit à Monseigneur l'Intendant, en luy marquant que je pensais, Messieurs, que vous aviez voulu vous éguayer à mes dépens.

« Je vous supplie instament de vouloir bien pardonner au

délire de mon esprit, Messieurs, qui m'empêcha alors de réfléchir en me faisant sentir qu'un Corps est toujours respectable, et qu'incapable d'adopter les idées d'un Particulier, il se fait gloire de penser sensément, noblement, et avec intégrité et prudence indicibles.

« Cette simple réflexion, Messieurs, qui n'aurait pas échappé à un écolier de cinquième, est le vray pivot de mon étourderie à laquelle je ne sais pas d'autre remède qu'une confession ingénue et un désaveu de tout ce que j'ay écrit dans le radotage de mon âme. Si vous daignez l'oublier, vous vous montrerez toujours supérieurs à moy en grandeur de sentimens, comme vous l'êtes tous effectivement.

« C'est la dernière grâce, Messieurs, que je solliciteray instament de vos bontés et de votre indulgence, jamais je n'en eus plus grand besoin. Votre estime m'est d'un prix à qui tout cède : me la refuser serait plus que de m'arracher la vie, puisque j'y attache mon honneur et ma gloire.

« Voilà mes vrais sentiments, dans lesquels je mets, Messieurs, tout mon bonheur à y persister constament. Tout l'avantage est de votre côté, car j'ay eu tous les torts du monde envers vous ! qui à peine pourront être effacés en partie par le profond respect avec lequel je suis,

« Messieurs,

« Votre très humble, soumis et très obéissant serviteur,

« ARAIGNON,

« *avocat en parlement.*

« Rue Pavée, au Marais, vis à vis l'hôtel d'Herbouville, chez le menuisier. »

Sur ces entrefaites arriva la réponse de M. Bertier de Sauvigny : « ..... Sans vouloir apprécier ni décider du mérite de la pièce, je pense cependant que l'envoi qui vous en a été fait par le sieur Araignon n'exige autre chose de votre part qu'une réponse obligeante, d'autant plus que la situation dans laquelle se trouvent les revenus de votre ville et les dépenses considérables dont elle est chargée ne lui permettent pas, dans les circonstances présentes, de reconnaître autrement le zèle et la bonne volonté de cet auteur. »

Le Corps de Ville s'empressa alors d'en finir avec le sieur Araignon, en lui adressant « rue Pavée, au Marais, vis à vis l'hôtel d'Herbouville, chez le menuisier, » une lettre ainsi conçue (1) :

« Nous avons reçu celles que vous nous avez fait l'honneur de nous écrire. Nous voudrions que notre reconnaissance pût répondre aux sentiments de nos cœurs, mais comme vous le sçavez le dernier édit nous lie les mains et rend notre bonne volonté impuissante.

« Il n'était point nécessaire que vous nous assurassiez que votre drame avait eu le bonheur de plaire à tout ce qu'il y a de plus respectable en France ni que vous entreprissiez de le démontrer. La pièce par elle-même opère la démonstration ; il ne faut que la lire pour être convaincu de cette vérité.

« M. l'intendant ne nous a pas fait part de ce que vous lui avez écrit, mais vous ne nous rendriez point justice si vous doutiez un instant des sentiments avec lesquels nous sommes, etc. »

Dix ans après, notre ville possédait enfin un théâtre, mais le *Siège de Beauvais* n'y fut jamais représenté (2).

## X

### LA SOCIÉTÉ DE MUSIQUE.

Une Société de musique fut fondée à Beauvais par quelques amateurs, vers 1765. M. le duc de Tresmes, gouverneur de l'Ile-de-France, en accepta le titre de Protecteur ; et M. J. Bertier de

---

(1) Le 16 mars 1766.

(2) L'infâme auteur de *Justine*, le marquis de Sade, a aussi composé une tragédie sur *Jeanne Hachette*. Une lettre autographe de ce triste personnage, possédée par M. Mathon, nous apprend que la pièce fut lue à la Comédie-Française le 21 novembre 1791, puis offerte à plusieurs théâtres. Une collection d'autographes, vendue récemment, contenait une lettre du marquis de Sade, du 9 vendémiaire an VIII, ainsi désignée au catalogue : « Lettre à un représentant du peuple où il proteste énergiquement de son amour pour la République et sollicite sa radiation de la liste des émigrés. Pour preuve de son civisme, il offre une tragédie en cinq actes, *Jeanne Hachette*. Piquants détails à ce sujet. »

Sauvigny, intendant de la généralité de Paris, celui de Conservateur (1).

L'Almanach pour le Beauvaisis, de 1766, donne le tableau suivant :

SOCIÉTÉ DE MUSIQUE.

Elle est composée de citoyens, partie exerçans, partie amateurs.

Les concerts se donnent les dimanches depuis la Toussaint jusqu'à la Pentecôte, et les jeudis depuis la Pentecôte jusqu'au 1er septembre.

Vacances en septembre et octobre.

M. LE DUC DE TRESMES.......... *Protecteur.*

MM. BERTIER DE SAUVIGNY........ *Conservateur.*
BOREL........................ *Directeur honoraire et perpétuel.*
RENAULT-PREVOST............ *Directeur.*
CORNU DE VILLERS........... *Instituteur.*
FOURNET-DUBOURG........... *Secrétaire perpétuel.*
Mlle D'AUVERGNE.................. *Bibliothécaire.*
MM. ESMANGARD.................... *Trésorier.*
RENAULT DE LA MOLINIÈRE... *Maître des Cérémonies.*
DE LA MOTHE................. *Premier violon.*

La Société avait ses réunions dans une salle située rue Saint-Jean (2). Elle fut bientôt accusée par quelques censeurs moroses d'avoir établi « un spectacle tel que l'opéra ou la comédie, dans lequel les acteurs, par leur jeu ou par leur danse, peuvent réveiller les passions qu'ils expriment. » Elle crut devoir répondre pour rassurer « les consciences alarmées » et publia une longue *Lettre sur le Concert de Beauvais* (3) : « ..... On exécute à la vé-

(1) En 1768, L.-B.-F. Bertier succéda à son père. On sait qu'il fut massacré à Paris en 1789, ainsi que son beau-père, Foulon, malgré les efforts de La Fayette et de Bailly pour les sauver. Les armes des Bertier de Sauvigny, placées dans l'intérieur de l'Hôtel-de-Ville de Beauvais, furent abattues en 1791.

(2) Au *Prado*. Elle se transporta ensuite à *la Grille*. Le Prado est devenu un magasin d'épicerie, et la Grille est aujourd'hui affectée aux réunions de la loge maçonnique.

(3) Le 6 septembre 1768. — Voir Pièces justificatives, V.

rité, disait-elle, des opéras, même des opéras-comiques; mais toute l'illusion du théâtre n'y est plus : ce sont des scènes froides qui se chantent sans jeu ni passion. Si l'on donne des opéras-comiques, on en retranche tout le dialogue, et on change, dans les ariettes, les paroles trop libres ou équivoques, enfin tout ce qui pourrait choquer des oreilles délicates. On défie à cet égard la critique la plus sévère d'y trouver à y reprendre. Ceux qui osent blâmer le Concert sur ce fondement ne sont pas instruits sans doute de ce qui s'y passe. S'ils y venaient, ils en prendraient sûrement une toute autre idée que celle qu'ils s'en sont formée : ils reconnaîtraient que l'ordre et la décence y sont observés, soit de la part de ceux qui exécutent, soit de la part des auditeurs : ils remarqueraient que comme les conversations y sont interdites et tous les yeux ouverts, il y a moins à redouter pour les mœurs, que dans les assemblées particulières où, pendant que les mères sont occupées à une table de jeu, les jeunes personnes n'ont autre chose à faire qu'à prêter l'oreille aux galanteries de ceux qui ne jouent pas. On ne craint pas de dire que, hors les lieux destinés à la prière, c'est l'endroit où la vertu et la religion courent le moins de risques. »

Cette *Lettre* fit taire les critiques et la Société continua ses concerts jusque dans les premières années de la Révolution (1). En 1773, sur la proposition de M. Blanchard de Changy, officier de la maison du roi (2), qui venait passer plusieurs mois de l'année à Beauvais, elle organisa même un théâtre où l'on joua la comédie et l'opéra-comique.

---

(1) « Une société d'amateurs, que le goût de la musique rassemble deux fois par semaine, dans une salle très proprement disposée, forme elle-même ce concert, où l'on exécute de la musique vocale et instrumentale. Les étrangers, et les citoyens même, pour qui cet art a des attraits, y sont reçus avec autant d'empressement que de politesse. Il y a concert le lundi et le jeudi, à six heures du soir. Directeur, M. Le Maire, négociant. » *Tablettes historiques et géographiques du département de l'Oise*, 1792.

(2) Blanchard de Changy devait se distinguer plus tard par son zèle révolutionnaire. Il fut député suppléant à l'Assemblée législative, lieutenant-colonel de la garde nationale, président du district, etc.

## XI

### LE THÉATRE FEUILLET.

Les représentations données par la Société de musique ayant un certain succès, en 1771, Nicolas Feuillet, horloger de Mgr l'évêque-comte de Beauvais (1), fit bâtir une salle de spectacle dans une maison dont il était propriétaire, rue de l'Ecu, près de la rue des Prêtres (2).

Une allée longue et étroite (3), dont l'entrée était rue de l'Ecu, conduisait au théâtre qui occupait l'angle formé par la place Saint-Etienne et la rue des Prêtres (4).

Il était de dimensions très restreintes (5) et fort peu commode. On y trouvait cependant un parterre, un amphithéâtre, des premières loges, des secondes loges, un paradis. Au premier

---

(1) Les comptes de l'évêché, conservés aux Archives de l'Oise, contiennent plusieurs mémoires de Nicolas Feuillet, G 433, G 538. — Il y eut à Beauvais une famille d'horlogers de ce nom. La magnifique pendule du grand salon de l'Hôtel-de-Ville est signée Feuillet-Laisné ; nous connaissons aussi beaucoup de pièces remarquables qui portent le nom d'Eustache Feuillet.

(2) On lit dans le *Dictionnaire du département de l'Oise*, de Tremblay : « La salle fut établie à l'aide d'une souscription à laquelle tous les habitants aisés s'empressèrent de répondre. » Dans une lettre que l'on trouvera plus loin, Feuillet assure cependant « avoir sacrifié une partie considérable de sa fortune à la construction de son théâtre. »

(3) « Elle a trois pieds six pouces vers son entrée, un peu moins en quelques endroits vers le milieu, un peu plus vers son extrémité, et compte quarante-neuf pieds de long depuis la porte de la rue jusqu'au premier escalier qui conduit à la salle. » Voir Pièces justificatives, XI.

(4) Voir la Planche.

(5) « Sa longueur est en tout de quarante-six pieds dans œuvre, savoir : celle du théâtre de vingt et un pieds six pouces, de l'orchestre quatre pieds six pouces, du parterre onze pieds, et de l'amphithéâtre neuf pieds. Quant à la largeur de ladite salle, elle est de dix-sept pieds vers le fond du théâtre, de vingt-quatre à l'autre bout, aussi dans œuvre. » Voir Pièces justificatives, XI.

étage, un foyer de vingt-trois pieds carrés communiquait avec une grande loge de milieu, dite de *l'Etat-major*, et avec les loges du côté droit et du côté gauche. Comme ces loges n'étaient pas desservies par un couloir, elles communiquaient entre elles « de manière que pour joindre la loge la plus près du théâtre, il fallait passer dans les autres. »

Actif et intelligent, Feuillet engagea une troupe de comédiens et voulut attirer la foule par tous les moyens, sans se préoccuper beaucoup de la devise : *Castigat ridendo mores*.

Le dimanche 29 juillet 1781, un de ses acteurs, le sieur François Farges, qui remplissait le rôle de Blaise dans l'opéra de *Blaise le Savetier*, soulevait l'indignation du public en chantant quatre couplets licencieux qui n'étaient pas dans la pièce. Le procureur-fiscal manda l'acteur, et « après lui avoir fait sentir quelle punition un pareil écart était dans le cas de lui attirer, il ajouta que néanmoins, par indulgence, il s'abstiendrait d'en référer au juge-général de police, si, jouant une seconde fois la même pièce l'un des jours de la semaine, il observait de n'y pas chanter lesdits couplets, présumant ledit procureur-fiscal que le silence serait pris pour une réparation, muette mais suffisante, envers ce même public que son chant avait offensé (1). » Le jeudi suivant, Farges vint annoncer sur le théâtre, pour le lendemain, vendredi 3 août, une seconde représentation de *Blaise le Savetier*, mais le parterre déclara qu'il ne voulait plus entendre cette pièce.

Feuillet fit alors afficher la *Fée Urgèle*.

Une faible distance séparant le théâtre du chevet de Saint-Etienne, on entendait souvent dans l'église les chants des acteurs et le bruit des instruments. Le juge de police, averti que le vendredi 3 août on célébrait la fête de l'Invention de saint Etienne et que l'office divin se prolongerait très tard, ordonna à Feuillet de faire relâche. Celui-ci ne tint pas compte de cet ordre et joua la pièce annoncée, la *Fée Urgèle*.

A la suite de ces faits, Farges fut condamné à trente-six heures de prison, et Feuillet à 15 livres d'amende applicables aux pauvres de la paroisse de Saint-Etienne (2). Le juge de police fit

(1) Voir Pièces justificatives, VI.

(2) Voir Pièces justificatives, VII.

aussi défense à Feuillet « de souffrir en aucun temps, et sous aucun prétexte que ce soit, l'ouverture du spectacle avant six heures du soir, heure à laquelle l'office de Saint-Etienne était ordinairement fini, sauf les jours et les cas extraordinaires, pour lesquels il se réservait de statuer suivant les circonstances. »

L'année suivante, la troupe jouait les chefs-d'œuvre de l'ancien répertoire. Voici l'affiche du 23 mai 1782 :

Par privilège de Monseigneur le duc de Gesvres, Gouverneur de l'Isle de France, et permission de M. le Bailli de la Ville, Bailliage et Comté-Pairie de Beauvais, Juge-Général de Police,

Les Comédiens Français donneront aujourd'hui, jeudi 23 mai 1782, une première représentation du

SABOTIER

petite comédie nouvelle en un acte et en prose, précédée de

L'AVARE

comédie en 5 actes et en prose, de Molière.

En attendant L'Officieux, comédie nouvelle, et Athalie, tragédie, avec ses chœurs.

On prendra : aux premières loges, 36 sols ; à l'amphithéâtre, 30 sols ; aux secondes loges, 21 sols ; au parterre, 12 sols ; au paradis, 8 sols.

On commencera à six heures précises.

Malgré tous ses efforts, Feuillet ne voyait pas arriver la fortune. Il déployait cependant la plus grande activité. Propriétaire de la salle, directeur de la troupe, il jouait « de la basque » à l'orchestre, exerçait toujours son métier d'horloger et cherchait encore, dans d'autres occupations, un surcroît de revenu (1).

---

(1) L'*Almanach de Beauvais*, de 1777, publiait l'*Avis* suivant : « On vient d'établir au commencement de la présente année 1777 un dépôt public et bureau pour toutes les choses perdues et trouvées, de plus ou de moins de conséquence, chez le sieur *Nicolas Feuillet*, horloger de Monseigneur l'Evêque-Comte de Beauvais, au bout de la rue de l'Eeu, près la Poste aux Chevaux, dans lequel, par ordonnance de police, toutes personnes indistinctement qui auront trouvé quelque chose de toute nature, soit dans la Ville, les Fauxbourgs ou environs, seront tenues d'y venir, ou envoyer faire la déclaration et dépôt sous récépissé, dans les vingt-quatre heures pour les personnes de la ville, et le

Mais le sort lui était décidément contraire. En 1786, il dut fermer son théâtre à la suite d'une sanglante collision survenue entre les habitants et les officiers de la garnison.

Doyen raconte ainsi les faits (1) :

« Un soir, pendant le cours de la représentation, la porte du fond du théâtre s'ouvre avec fracas, et un garde du corps, nommé M. de Méjanès, vient s'y poster, le chapeau sur la tête. Les cris de : A bas! Dans les coulisses! s'élèvent dans la salle. Méjanès se retire. Après le spectacle, il rencontre au café plusieurs de ses camarades qui lui reprochent vivement d'avoir cédé, lui gentilhomme, aux injonctions du public. On s'excite, on s'échauffe; enfin Méjanès prend l'engagement de renouveler la même scène, à la prochaine occasion, et ses camarades lui promettent de le soutenir et de châtier, au besoin, la *canaille* du

---

plus prochain marché pour celles de la campagne, à peine d'être poursuivies rigoureusement, si elles sont reconnues; et les personnes qui auront perdu quelques effets quelconques, ne pourront s'adresser, pour en faire la réclamation, ailleurs qu'au susdit bureau, où ils seront inscrits et détaillés; et il sera payé *20 sols*, pour que lesdits effets perdus, ainsi que tous les effets trouvés, déposés au susdit bureau (pour lesquels il ne sera pas donné par les déposans, mais dû et payé par les réclamans, la somme de *20 sols*, sans préjudice à la récompense) soient affichés tous les jours sur trois tableaux, et annoncés chaque jour de marché par le tambour et cri public, pendant six semaines consécutives; et il sera payé *trente sols* si l'on voulait qu'un effet perdu fut annoncé sur le champ par le tambour, et continué ensuite comme ci-dessus. Après l'année expirée, les effets trouvés, déposés au bureau et non réclamés, seront remis à ceux qui les auront apporté ou à leurs héritiers, en rapportant le récépissé, sous la condition de le représenter en nature ou valeur, s'ils étaient réclamés dans la suite par les propriétaires. » — Le dépôt des objets perdus n'eut pas une longue existence : « Ce bureau, autorisé par ordonnance de police du 31 décembre 1776, était de l'invention du sieur *Nicolas Feuillet*, horloger, demeurant à Beauvais, rue de l'Ecu. Ses avantages ont été éprouvés. Mais le préposé n'y ayant pas trouvé, vu la modicité des rétributions, le juste dédommagement de ses avances et de ses peines, a demandé qu'on l'en déchargeât. Ainsi l'établissement formé à sa requête, et dont les magistrats n'avaient fait, en l'approuvant, que prescrire le régime, a été supprimé, sur sa requête, le 15 décembre 1777. » *Almanach de Beauvais*, 1778.

(1) *Histoire de Beauvais*, II, p. 410.

parterre. A la représentation suivante, jour de dimanche, on jouait le *Déserteur*. Vers le milieu de la soirée, la porte du fond s'ouvre de nouveau, et Méjanès reparaît. Les cris recommencent dans la salle, mais avec bien plus de force, car il est évident que le garde du corps venait braver le public. Méjanès s'avance au bord de la rampe; en même temps, huit ou dix de ses camarades s'élancent des coulisses, puis, tous ensemble, mettent l'épée à la main et provoquent le parterre, en lui jetant d'insultantes qualifications. Ce fut le signal d'une mêlée horrible et d'un épouvantable tumulte. Les jeunes gens du parterre, indignés, escaladent la balustrade qui les sépare de l'orchestre; à leur tête sont MM. Chevalier, Pinard, Sarcus, un tailleur suisse nommé Breitingen, et un horloger de la rue des Flageots, appelé Sandeau. Ils croisent leurs cannes contre l'épée des gardes du corps; les femmes et les enfants fuient par toutes les issues, en poussant des cris de terreur. Les gardes du corps qui se trouvaient aux premières loges sautent sur la scène ou dans le parterre et mettent aussi l'épée à la main. Un d'entre eux, M. de La Falquère, blesse M. Sarcus qui expire quelques instants après. M. Chevalier, entouré de plusieurs de ces furieux, et n'ayant d'autre arme que sa canne, est percé de sept coups d'épée et laissé pour mort sur la place. On ne parvint qu'avec beaucoup de peine à faire évacuer la salle..... M. Chevalier survécut à ses blessures, mais il traina dans un état de langueur le reste de son existence. »

Cet intéressant récit est très inexact. Les gardes du corps ne vinrent pas sur la scène insulter le public, et les jeunes gens du parterre n'escaladèrent pas l'orchestre pour se précipiter contre eux. Ils cherchèrent, au contraire, — sentiment bien naturel — à se soustraire par la fuite aux coups de leurs adversaires, qui les « lardaient » brutalement. Nous renvoyons le lecteur aux dépositions des témoins, que nous publions plus loin (1), et nous donnons ici un procès-verbal qui résume brièvement les faits (2) :

---

(1) Voir Pièces justificatives, VIII.

(2) Archives du Palais de Justice. — Cette pièce nous a été communiquée par M. Georges Gaillard, juge d'instruction.

Le 26 mars 1786, sur les sept heures du soir, dans la salle de la comédie, et au moment où le spectacle allait commencer, un garde du corps de la compagnie écossaise résidant en cette ville, étant dans les premières loges, couvert, le parterre cria : *bas le chapeau!* Pour faire cesser ces cris on fit lever la toile et les acteurs entrèrent en scène. Les cris redoublant, un autre garde du corps sauta d'une des premières loges dans le parterre. Plusieurs le suivirent et sautèrent de même, l'épée nue à la main. Le nommé Sarcus, épicier de cette ville, a été percé et est mort dans une maison voisine, à peu près dix minutes après être sorti de la salle de spectacle. Plusieurs personnes ont été blessées plus ou moins grièvement. M. le lieutenant particulier, présidant alors la compagnie, se transporta à l'instant avec M. le procureur du roy et le greffier en la maison du mort, et constata l'état du cadavre. Le surlendemain le corps fut enterré à cinq heures du matin. La compagnie crut devoir ainsi le faire enterrer dès le matin, pour prévenir tout tumulte.

Le lendemain, les spectateurs de cette scène sanglante se rendaient chez le sieur Renault, aide-major de la milice, pour le prier « de leur faire accorder garde et sûreté bourgeoise. » Renault les accompagna à l'Hôtel-de-Ville, où se trouvaient réunis les officiers municipaux. Un procès-verbal de leurs dépositions fut dressé et envoyé à M. le baron de Breteuil, ministre de la maison du roi, et à M. le duc de Gesvres, gouverneur de l'Ile-de-France, qui s'empressèrent de répondre qu'ils allaient faire rendre prompte et bonne justice (1). La compagnie ecossaise fut changée de quartier, et les gardes du corps les plus compromis furent enfermés, par lettres de cachet, à Ham, Doullens et Lunéville.

Grande avait été la bousculade dans le long et étroit couloir, seule issue du théâtre Feuillet, et on se demandait avec effroi quel serait le nombre des victimes, si jamais un incendie venait à se déclarer. Le 10 avril, le lieutenant de police ordonnait une visite de la salle « pour constater l'état du local, les inconvénients qui pouvaient résulter de sa distribution par rapport à la sûreté publique, et les moyens d'y remédier (2). » Feuillet fut mis en demeure d'acheter la maison voisine de la sienne pour remanier la disposition du théâtre et pour en agrandir les déga-

---

(1) Voir Pièces justificatives, IX.

(2) *Ib.*, X, XI.

gements. En attendant, la salle était provisoirement interdite « pour tout spectacle et assemblée publique, attendu les inconvénients constatés (1). »

L'année suivante, les travaux n'étaient pas commencés et la salle était toujours fermée. Le 15 juillet 1787, un sieur Legrand, directeur du spectacle d'Abbeville, écrivait à la municipalité pour lui demander l'autorisation de venir donner quelques représentations au théâtre Feuillet et recevait cette réponse (2) :

« Plusieurs raisons, Monsieur, nous empêchent de demander la levée de l'interdiction de la salle de spectacle qui existe dans notre ville. Elle appartient à un de nos concitoyens qui peut la provoquer quand bon lui semblera, nous ne nous y opposons point ; mais nous vous observerons que Beauvais n'est pas assez considérable pour que les entrepreneurs puissent y trouver leur compte. D'ailleurs une scène tragique, arrivée l'année dernière dans la salle interdite, a diminué considérablement le nombre des amateurs. Vous ferez, d'après cet exposé, ce que vous jugerez convenable..... »

En 1788 il fut question de construire un nouveau théâtre, sur la Grande Place, en face de l'Hôtel-de-Ville (3). La Révolution ayant fait abandonner ce projet, Feuillet adressa à la Ville, le 1er mars 1790, une longue lettre où, sous la phraséologie de l'époque, on sent percer un véritable accent de détresse. Il a à sa charge ses parents âgés et infirmes, une nombreuse famille; son fils aîné, âgé de vingt ans, vient d'être frappé de cécité. Les événements lui ont fait perdre la plus grande partie de sa clientèle; sa santé, du reste, ne lui permettra bientôt plus d'exercer son métier d'horloger. Il supplie qu'on lui permette de rouvrir son théâtre; en cas de refus, il sollicite une place d'em-

---

(1) Voir Pièces justificatives, XII.

(2) Archives municipales, FF 5.

(3) Une *Vue de la grande place de Beauvais, du côté de la salle de spectacle projetée*, se trouve dans la *Description générale et particulière de la France*, par de Laborde, Guettard, Béquillet et autres; Paris, Pierre et Lamy, 1781-1796; douze volumes in-folio. Le Musée possède cette gravure; on y voit la salle de spectacle projetée, la statue de Louis XIV, les deux obélisques, etc.

ployé dans les bureaux, d'agent de police ou de « factoton » (1).

La municipalité fit procéder à une visite de la salle et exigea l'ouverture d'une porte de sortie sur la place Saint-Etienne, ainsi que divers changements intérieurs faciles à faire (25 avril). Quelques jours après, le 8 mai, Feuillet annonçait qu'il avait terminé les travaux indiqués et demandait la permission de louer son théâtre à un nommé Dupré, ancien directeur à La Haye et à Boulogne-sur-Mer, qui se proposait de jouer « des tragédies, comédies, opéras-comiques et ballets-pantomimes. »

Cette autorisation lui fut accordée et le prix des places fut ainsi fixé :

| | |
|---|---|
| Premières loges.... .................... | 36 sols. |
| Parquet, orchestre et loges basses....... | 24 — |
| Secondes loges et paradis.............. | 12 — |

Le 16 mai 1790, le théâtre Feuillet rouvrait ses portes (2).

Aux opéras-comiques et aux ballets-pantomimes succédèrent bientôt les pièces qui pouvaient fournir quelque allusion aux événements contemporains. On joue *Brutus*, *Guillaume Tell*, *Tartufe*, *Les Rigueurs du Cloître*, etc. Le public applaudit avec enthousiasme tous les passages qui parlent de l'amour de la liberté et de la haine de la tyrannie. Un soir, pendant une représentation de *Brutus*, plusieurs billets furent jetés sur la scène et le public en demanda la lecture. L'un d'eux contenait les vers suivants, inspirés par la pièce à un patriote Beauvaisin :

> Un instant a suffi pour abattre un grand homme ;
> Il eût anéanti la liberté de Rome ;
> Français, ressouviens-toi que s'il est un *Titus*,
> Tu dois à l'univers l'exemple d'un *Brutus*.

Les honneurs rendus à Drouet, après l'arrestation de Louis XVI à Varennes, avaient fait tourner toutes les têtes et chacun rêvait la même bonne fortune. Un jour, les habitants de Savignies virent s'arrêter dans leur village une voiture où se trouvaient

(1) Voir Pièces justificatives, XIII.

(2) L'année suivante, Feuillet demanda et obtint l'autorisation de donner dans son théâtre « des redoutes et vauxhall. »

deux femmes élégantes, dont l'une portait un brillant costume d'amazone. Elles s'informèrent si on pouvait leur procurer des chevaux pour se rendre à un château voisin appartenant à un ci-devant marquis. On leur demanda leurs passeports; elles n'en avaient point. « Oh! il y a quelque chose là-dessous, » dit aussitôt un paysan. « Voilà bien une dame de haute qualité : quant à l'autre, je n'oserais assurer, mais je croirais bien que c'est le roi déguisé. » Les deux voyageuses, qui étaient des actrices du théâtre Feuillet, voyant la méprise dont elles étaient l'objet, s'amusèrent à jouer leurs rôles de grands personnages, et on les conduisit devant la municipalité de Beauvais. Elles se firent alors reconnaître, et *nos bons villageois* durent rentrer tout penauds à Savignies, après avoir entendu lecture du décret qui permettait de voyager librement à l'intérieur (1).

Après le renversement du trône, une certaine agitation révolutionnaire se manifesta à Beauvais : elle fut entretenue pendant quelque temps par le départ des volontaires qui couraient avec enthousiasme à la frontière. Les idées d'ordre et de modération reprirent bientôt le dessus. La majeure partie de la population acceptait la république, mais elle la voulait pure de tout excès et respectant les droits de chacun; elle le prouva par ses votes, aux élections de l'administration du district et de la municipalité.

Le 10 janvier 1793, pendant que le procès de Louis XVI avait lieu à la Convention, la Société populaire rompait tout commerce avec la Société-mère de Paris, devenue le club des Jacobins. La foule court au théâtre Feuillet, où l'on joue l'*Ami des lois*, de Louis Laya, vaillante pièce qui flagelle cruellement les Jacobins; et des applaudissements frénétiques saluent la fameuse tirade de Forlis, qui rappelle la courageuse adresse de la Société populaire (2) :

---

(1) Doyen, II, p. 317.

(2) En voici le texte : « Citoyens, lorsque la Société des amis de la liberté et de l'égalité de Beauvais s'unit par un pacte solennel à celle de Paris, celle-ci renfermait alors dans son sein ce que la France comptait de patriotes plus ardents, plus purs et plus désintéressés..... Mais les temps sont changés. Dans l'enceinte auguste dont les voûtes retentirent

. . . . . . . . . . . . . . . . . . . . . . . . . . .

Ce sont tous ces jongleurs, patriotes de places,
D'un faste de civisme entourant leurs grimaces;
Prêcheurs d'égalité, pétris d'ambition :
Ces faux adorateurs, dont la dévotion
N'est qu'un dehors plâtré, n'est qu'une hypocrisie :
Ces bons et francs croyants, dont l'âme apostasie,
Qui, pour faire haïr le plus beau don des cieux,
Nous font la liberté sanguinaire comme eux.
Mais non, la liberté chez eux méconnaissable,
A fondé dans nos cœurs son trône impérissable.
Que tous ces charlatans, populaires larrons,
Et de patriotisme insolents fanfarons,
Purgent de leur aspect cette terre affranchie!
Guerre, guerre éternelle aux faiseurs d'anarchie!
Royalistes tyrans, tyrans républicains,
Tombez devant les lois; voilà vos souverains!
Honteux d'avoir été, plus honteux encore d'être,
Brigands, l'ombre a passé : songez à disparaître (1).

Quelques jours après, la ville apprenait avec étonnement et douleur l'exécution de Louis XVI, et beaucoup de maisons restaient fermées en signe de deuil. « Ces sentiments étaient en général partagés par les autorités constituées; mais les nécessités officielles imposaient à quelques-unes d'entre elles des adhésions

---

longtemps des mâles accents de la liberté, des agitateurs, des anarchistes, des hommes avides de sang et qui semblent ne pouvoir vivre qu'au milieu des désordres, font entendre leurs cris sinistres, précurseurs des proscriptions et du carnage. Le trône est renversé, tous les Français veulent la République; — et ils ne cessent de crier qu'il leur faut des victimes. La voix de la patrie, plus forte qu'aucune considération, nous crie de rompre avec des hommes dont l'audace semble croître avec les dangers de la République. C'en est donc fait et nous cessons toute correspondance avec votre Société, jusqu'à ce qu'elle ait rejeté d'au milieu d'elle ce qui déplaît à toute la France..... »

(1) Acte III, scène III. — La Commune interdit bientôt la pièce à Paris, malgré la Convention. Décrété d'accusation et mis hors la loi, Laya fut obligé de se cacher pendant toute la Terreur. — *L'Ami des Lois* a été réimprimé par M. L. Moland dans son *Théâtre de la Révolution*; Paris, Garnier; 1877.

à un acte dont elles s'affligeaient en secret, et l'on vit l'administration du district adresser aux communes de son ressort la proclamation suivante (1) » :

Conciloyens! vous nous avez donné votre confiance, et c'est en vous parlant toujours le langage de la vérité que nous voulons nous en rendre dignes. La Convention nationale a fait justice du dernier de nos tyrans; grâces lui soient rendues! Les rois se croyaient des dieux : l'habitude de l'esclavage, l'ignorance de nos droits favorisaient cette erreur; l'illusion est détruite; les rois ne sont que des hommes, et lorsqu'ils commettent des crimes, la loi doit aussi les punir. Utiles habitants des campagnes, vous ne contribuerez désormais qu'au besoin de la patrie, et on ne vous arrachera plus la subsistance nécessaire pour fournir aux plaisirs d'un prétendu maître et à l'avidité de ses bas flatteurs. Quelques rois, auxquels la crédulité des peuples laisse encore un pouvoir dont ils abusent, se réunissent pour nous attaquer : soyons fermes et unis, nous triompherons.....

La proclamation dit vrai : l'exécution du 21 janvier a soulevé contre nous toute l'Europe. Les comédiens annoncent qu'ils joueront, le 8 février, au bénéfice des volontaires du département qui sont aux frontières, et font cet appel au public :

« Citoyens, dans une crise aussi importante pour la République, dont le sort en partie dépend du courage de ses braves volontaires, nous ne pouvons que nous rendre avec empressement à toute l'effusion du civisme qui nous anime. En contribuant à vos plaisirs, citoyens, nous n'oublions pas les besoins de nos frères d'armes; en conséquence le produit de cette représentation sera versé dans la caisse des dons patriotiques, qui sera converti en effets d'équipement. Vous nous accorderez une véritable récompense en honorant le spectacle de votre bienfaisante présence (2). »

Les officiers municipaux remercièrent en ces termes les citoyens comédiens :

« Nous avons vu avec sensibilité le sacrifice que vous faites de la recette de ce jour en faveur des volontaires du département, pour contribuer à leur procurer les objets d'équipement dont

(1) Doyen : *Histoire de Beauvais*, t. II, p. 355.

(2) Archives municipales, R II 6.

ils ont un si grand besoin; nous applaudissons à votre zèle et nous y avons toute confiance pour surveiller la recette des deniers qui vous seront remis par les citoyens qui s'empresseront de contribuer par leur présence à votre acte de patriotisme (1). »

Le 13 janvier 1791, l'Assemblée nationale avait décrété la liberté des théâtres. Les entrepreneurs et les artistes étaient placés sous l'inspection des municipalités, qui ne pouvaient arrêter ni défendre la représentation d'une pièce, « sauf la responsabilité des auteurs et des comédiens. » Jusqu'au commencement de 1793, les spectacles jouirent d'une entière liberté. Mais l'émotion suscitée par l'*Ami des Lois* irrita les Jacobins qui, après avoir réclamé jadis l'abolition de la censure, furent les premiers à demander son rétablissement. Le 2 août 1793, sur la proposition de Couthon, la Convention rendait le décret suivant : « Tout théâtre sur lequel seront représentées des pièces tendant à dépraver l'esprit public et à réveiller la honteuse superstition de la royauté sera fermé, et les directeurs seront arrêtés et punis selon la rigueur des lois. » Les municipalités étaient chargées de l'exécution de ce décret.

Des auteurs se mettent à l'œuvre et composent des pièces où l'atroce le dispute à l'immonde. « La Terreur fait du théâtre son complice. Par lui, elle injurie ceux qu'elle tue. Par lui, elle ridiculise les armées qu'elle bat. Entre ses mains le théâtre devient une tribune sans pudeur comme sans dignité qu'elle emplit toute, et où elle ensevelit dans la boue ses ennemis encore chauds, aux applaudissements des populaces vaudevillières. C'est le Panthéon où elle couronne ses grands hommes d'une décade; c'est l'égout des gémonies où elle traîne un soir les Girondins qu'elle fait fous, un autre les émigrés qu'elle fait lâches; c'est le royaume joyeux, bruyant, brutal, odieux du *Væ victis!*..... (2). »

Le *Jugement dernier des Rois*, de Sylvain Maréchal (3), est re-

(1) Archives municipales, R II 6. — Le spectacle était composé de *Guillaume Tell*, de Lemierre, et des *Portefeuilles*, de Collot d'Herbois. La recette produisit 162 livres 13 sous.

(2) E. et J. de Goncourt : *La Société française pendant la Révolution*.

(3) Réimprimé dans le *Théâtre de la Révolution*, de M. L. Moland. — Cette farce ignoble est encore dépassée par les *Potentats foudroyés par*

présenté à Beauvais, et les applaudissements frénétiques qui, quelques mois avant, ont salué l'*Ami des Lois*, se font encore entendre. Comme on le voit, l'esprit révolutionnaire a fait de grands progrès dans notre ville. La Société populaire s'est affiliée de nouveau au club des Jacobins; un comité de surveillance a été établi; la cathédrale, qui a vu briser toutes les statues qui la décoraient, est maintenant le *Temple de la Raison*.

Nicolas Feuillet a pris le nom de *Caton* et pérore dans les clubs. Le 20 octobre 1793, jour de l'inauguration des bustes de Marat et de Lepelletier, il adressait un discours en *vers* aux jeunes gens de la réquisition réunis à la Société populaire. Mais l'ancien horloger de Mgr l'évêque-comte de Beauvais était bientôt arrêté comme suspect. Le 12 février 1794, il arrivait à Chantilly avec le huitième convoi des détenus du district, et, le 14, il était transféré à Paris (1). Quelques jours auparavant son théâtre avait dû fermer ses portes; les comédiens l'avaient abandonné pour aller s'installer au théâtre Laurent.

## XII

### LE THÉATRE LAURENT.

En 1793, François Laurent, peintre-décorateur de Paris, acquit une partie du couvent des Minimes (2) et fit bâtir, dans le réfectoire, une salle de spectacle dont il exécuta lui même la décoration. Ce second théâtre, bien plus grand et bien plus confor-

---

*la Montagne et la Raison ou la Déportation des rois de l'Europe*, par le citoyen Desbarreaux. — Voir l'ouvrage de M. L. Moland (Introduction, p. XXIII).

(1) *Registre d'écrou* conservé aux Archives de l'Oise. - Il a été publié par M. A. Sorel dans le *Château de Chantilly pendant la Révolution*.

(2) Le mardi 22 janvier 1793, « la maison ci-devant conventuelle des Minimes de Beauvais, église, cour et jardin en dépendant, dont le terrain contient environ 2,064 toises superficielles, » mise à prix à 20,800 livres, fut adjugée, au vingtième feu, pour la somme de 41,500 livres, au citoyen Pierre-Michel Chevalier, ancien marchand,

table que le théâtre Feuillet (1), fut inauguré le 2 février 1794.

Le conventionnel André Dumont, envoyé en mission dans l'Oise pour procéder à l'épuration du personnel administratif, assistait à cette cérémonie avec les autorités constituées. On remarquait aussi deux prêtres qui s'étaient mariés dans la journée, au pied de l'arbre de la liberté, et qui étaient venus revêtus pour une dernière fois de tous les attributs du sacerdoce. Un des acteurs prononça un discours républicain et Laurent annonça qu'il mettait trois places par représentation à la disposition des jeunes enfants de l'*Hospice du malheur* (2).

Le lendemain, André Dumont écrivait à la Convention :

« Citoyens collègues ! L'épurement et la réorganisation des autorités constituées de Beauvais se termina hier ; elle fut commencée et finie en la présence du peuple, réuni en Société populaire ; cette réorganisation que je crois bonne, parce qu'elle est l'ouvrage de vrais sans-culottes, se termina par une fête civique ; un nouvel arbre de la liberté fut planté à la porte du local des séances de la Société républicaine ; un bûcher, composé des attributs de la royauté et des masques sacerdotaux, fut allumé aux cris mille fois répétés de : *Plus de rois! Plus de prêtres! Vive la Montagne!* Le cortège revint ensuite aux pieds de l'arbre, et là, deux ci-devant prêtres contractèrent mariage, et prouvèrent par leur choix qu'ils aimaient encore la *friandise;* au surplus, dans ce pays, le règne du fanatisme a disparu pour jamais, et on ne pense plus aux animaux prêtres que pour se rappeler les atrocités qu'ils ont commises et les impostures affreuses qu'ils osaient appeler vérité. La fête célébrée ici devait naturellement réveiller toute l'horreur qu'inspire l'idée de l'an-

---

demeurant à Paris, rue Montmartre. Le vendredi 26, Chevalier déclara nommer « pour command et adjudicataire de ladite maison, Jean-Baptiste Partiot fils, perruquier, demeurant à Beauvais, et François-Nicolas Laurent, peintre, demeurant à Paris, faubourg Saint-Denis, section du Nord. » Archives de l'Oise : *Vente des biens nationaux*.

(1) Voir la Planche. — Les peintures de Laurent etaient, dit-on, très remarquables.

(2) Le Bureau des pauvres. On conduisit alternativement au spectacle les garçons et les filles.

cien régime; dans ce temps d'esclavage, des infâmes gardes du *raccourci* ont eu l'atrocité d'assassiner des citoyens de cette commune en la salle de spectacle (1); elle fut hier fermée, et on fit l'ouverture d'une nouvelle, élevée dans une ci-devant église; c'est là ce qu'on peut appeler la *fête de la Purification;* la Société populaire termina cette fête civique par un souper qu'elle donna aux indigents; le tout se fit au milieu des chants et des cris de *Vive la République!* et avec le serment de défendre la patrie, de rester unis pour le maintien des lois, de soulager les pauvres, et de ne reconnaître jamais d'autres ennemis que ceux de la République (2). »

Le nouveau théâtre joue les *Rigueurs du Cloître*, le *Jugement dernier des Rois*, la *Veuve du Républicain*, la *Sainte-Ampoule* ou l'*Agonie des Rois*, etc. On voit encore, singulier contraste, figurer sur l'affiche quelques-uns de ces opéras-comiques du XVIIIe siècle qui chantent le bonheur calme et pur de la vie champêtre (3). Souvent, entre deux pièces, le parterre réclame aussi l'*Hymne à l'Eternel*, « chant grave et majestueux, » paroles de Nicolas Acher, homme de loi à Beauvais (4), musique de l'ancien chanoine Hariel.

Après les journées de prairial (mai 1795), André Dumont fut encore envoyé à Beauvais par la Convention pour procéder à une nouvelle épuration des autorités locales et pour faire exécuter

---

(1) Voir plus haut l'affaire des gardes du corps.

(2) Le *Moniteur universel* du 5 février 1794 ne donne qu'une courte analyse de cette lettre, dont le texte nous a été conservé par Doyen.

(3) « ..... L'églogue universelle se continue jusqu'au plus fort de la Révolution. En tête du *Mercure* de 1791 et de 1792 paraissent les contes moraux de Marmontel, et le numéro qui suit les massacres de septembre s'ouvre par des vers *aux mânes de mon serin!* » Taine : *Origines de la France contemporaine*, I, p. 210. — On sait que la Révolution abusa des mots *sensible* et *sensibilité*. Nous trouvons, parmi les pièces citées dans le *Théâtre de la Révolution*, de M. Welschinger, *Vingt-quatre heures d'une femme sensible*, les *Délassements de l'âme sensible*, les *Plaisirs de l'homme sensible*..... et même le *Vuidangeur sensible*.

(4) Voir notre travail sur l'*Instruction publique à Beauvais pendant la Révolution*. (*Mém. de la Société*, t. X.)

la loi relative au désarmement des terroristes. Le farouche proconsul était devenu un ardent réactionnaire. Il choisit, cette fois, des bourgeois riches, des nobles, des parents d'émigrés. Les membres du ci-devant comité de surveillance sont arrêtés et, après une longue instruction, renvoyés devant le tribunal criminel. Le peuple, qui autrefois les portait en triomphe, demande maintenant leurs têtes :

> *Sequitur fortunam, ut semper, et odit*
> *Damnatos* (1).

Il veut les massacrer pendant le trajet des prisons de la maison de ville à celles du tribunal, et il faut les transférer secrètement, la nuit, sous la protection d'un fort détachement de la garde nationale.

En sortant des audiences, la foule court au théâtre Laurent où l'on joue l'*Intérieur des comités révolutionnaires* ou les *Aristides modernes*, comédie en trois actes et en prose, par le citoyen Ducancel, de Beauvais (2). Cette pièce, représentée alors par toute la France, était la revanche des pièces jacobines qui avaient eu autrefois tant de succès. Les acteurs, habilement grimés, ont pris les traits des accusés ; ils imitent aussi leurs intonations et leurs gestes. Des applaudissements frénétiques accueillent surtout celui qui s'est fait la tête de l'homme qui a si longtemps terrorisé Beauvais, le fameux charcutier Prieur l'*Andouille* (3). La salle croule sous les bravos à cette dernière scène :

---

(1) Juvénal : *Satire X*.

(2) Ducancel (Charles-Pierre), né à Beauvais en 1766, sous-préfet de Clermont en 1815, mort en 1835. — *L'Intérieur des comités révolutionnaires* a été réimprimé par M. L. Moland dans son *Théâtre de la Révolution*.

(3) Aristophane, dans les *Chevaliers*, a mis en scène un charcutier d'Athènes, portrait frappant de Prieur :

« *Le Charcutier*. — Dis-moi donc un peu comment un marchand de boudins peut devenir un grand homme..... Je n'ai pas reçu la moindre éducation libérale ; je ne sais que lire et encore assez mal.

« *Démosthène*. — Voilà ce qui peut te nuire, c'est de savoir presque lire. La démagogie ne veut pas d'un homme instruit ni honnête, il lui faut

« *L'officier municipal.* — Gendarmes, saisissez ces misérables et conduisez-les, affublés de leurs bonnets rouges, à la maison d'arrêt, où nous allons tous les rejoindre. Qu'ils traversent à pied, et au milieu des justes imprécations du peuple, une commune qu'ils ont baignée de sang et couverte de brigandage, jusqu'à ce que le glaive de la loi en ait purgé la terre. »

(Les cinq membres en bonnets rouges, consternés et les yeux baissés, font lentement le tour du théâtre, tenant chacun un gendarme sous le bras. Ils passent en revue devant les autres personnages.)

A cette citation, nous ajouterons la préface, qui donnera au lecteur une idée suffisante de l'œuvre de notre compatriote :

« Peuple français, jette les yeux sur cette légère esquisse. C'est le tableau malheureusement trop fidèle des brigands qui ont si longtemps désolé la patrie. Aucun des traits de cet ouvrage n'ap-

---

un ignorant et un coquin..... Continue ton métier. Brouille et pétris ensemble toutes les affaires de l'État, comme quand tu fais du boudin. Pour t'attacher le peuple, cuisine-lui toujours quelque ragoût qui lui plaise. Tu as du reste tout ce qui fait un démagogue : une voix terrible, une nature perverse et le langage des halles. Tu réunis tout ce qu'il faut pour gouverner..... »

L'*Agoracritus* beauvaisin avait d'abord été perruquier. Nommé membre du comité de surveillance, il avait choisi le surnom de *père Duchesne,* pour faire oublier celui de l'*Andouille* qu'il devait à son second métier. L'acte d'accusation porte que « Prieur avait menacé de couper trois cents têtes à Beauvais et avait dit qu'il nourrissait ses chiens de chair de prêtres et de nobles, et que, pour qu'ils ne se dégoûtassent pas, il leur donnait de la chair de prêtres et de la chair de nobles alternativement. » Mais Prieur était plus ivrogne que méchant; dans ses perquisitions domiciliaires il recherchait surtout l'*o-de-vie.* (Voir A. Sorel : *Le Château de Chantilly pendant la Révolution.*) — Nous devons dire que l'accusation de malversations et de soustractions d'objets mobiliers (chez MM. Lécuyer de Mival, Titon, Wallon, de Corberon, etc.) portée contre Prieur ne fut pas admise par le jury, et qu'il fut condamné, comme les autres membres du comité de surveillance, à cinq ans de gêne, pour le fait seul d'arrestations arbitraires (15 septembre 1795). Le 14 octobre (22 vendémiaire an IV), la Convention ayant décrété la mise en liberté de tous ceux qui n'étaient pas retenus « pour des délits qualifiés et spécifiés par les lois pénales, » Prieur et ses collègues furent élargis.

partient à mon imagination. Ils sont tous à mes hideux modèles. J'ai rassemblé dans un seul cadre tous les faits authentiques qui m'ont été révélés, soit par des témoins oculaires et victimes, soit par la notoriété publique, soit enfin par le résultat de mes propres observations. Je puis citer les masques, les lieux et les époques. Au surplus, je le dis franchement, je n'ai point ambitionné quelques lauriers littéraires en traçant ce faible ouvrage. Si j'ai fortifié l'horreur des bons citoyens contre les anarchistes et les buveurs de sang, j'ai reçu la seule récompense que j'attachais à mon travail. Echauffons l'opinion publique contre nos oppresseurs, et nous parviendrons peut-être à précipiter l'action trop lente des Lois contre des hommes qui étaient bien moins scrupuleux pour nous égorger, qu'on ne l'est aujourd'hui pour les punir. »

Si nous avons applaudi à la courageuse pièce de Laya contre les Jacobins au pouvoir, nous condamnons la pièce de Ducancel comme nous avons condamné les pièces de la Terreur. Le peuple a des vengeances aussi cruelles qu'irréfléchies : ne l'excitons jamais contre les vaincus. *L'Intérieur des comités révolutionnaires*, disent avec raison MM. de Goncourt, « ouvre l'ère de ces représentations orageuses où sur un cri, sur un mot, toute la salle est prête à broyer un homme désigné à ses colères, soudaines et terribles colères, éclatant soudainement, soif de sang que des rencontres font naître et auxquelles tout le public s'associe, pitiés qui se tournent en fureur..... (1). »

L'insurrection royaliste du 13 vendémiaire (5 octobre 1795) fit interdire pendant quelque temps la pièce de Ducancel (2). Le

---

(1) *Histoire de la Société française pendant le Directoire*, chapitre II.

(2) « Les représentations recommencèrent après six mois d'interruption moyennant quelques légers changements commandés par les circonstances. Jouée près de cent fois encore, la pièce ne disparut de la scène que vers la fin de l'an IV, et par ordre de l'autorité. Elle ne put être représentée depuis lors, malgré tous les efforts que fit Ducancel pour obtenir des divers gouvernements, et notamment du gouvernement de la Restauration, l'autorisation de la faire jouer. Elle a été interdite, même en 1814 et en 1815 ; interdiction qui, du reste, doit être pleinement approuvée. » L. Moland : *Théâtre de la Révolution*, Introduction, p. XXVII.

Directoire prit des mesures sévères à l'égard des théâtres, et, par son arrêté du 18 nivôse (4 janvier 1796), ordonna à tous les directeurs, entrepreneurs et propriétaires des spectacles de Paris de faire jouer chaque jour par leur orchestre, avant la levée de la toile, les airs chéris des républicains, tels que la *Marseillaise*, *Ça ira*, *Veillons au salut de l'Empire*, le *Chant du Départ*. Dans l'intervalle des deux pièces, on devait aussi toujours chanter l'*Hymne des Marseillais* ou quelque autre chant patriotique. Quelques jours après, le 27 nivôse, cet arrêté était déclaré commun à tous les théâtres de la république.

Les comédiens du théâtre Laurent, alléguant « qu'ils étaient privés d'organes assez flatteurs et de voix assez flexibles, » chargèrent un amateur, qui jouait quelquefois dans les pièces à vaudevilles, de chanter les hymnes patriotiques.

Un soir, l'amateur, qui avait à s'habiller pour la seconde pièce, se fit remplacer par un de ses amis, Henry-François-Joseph Moulinet, cavalier au 25e régiment. Ce dernier entonna une chanson militaire, plus riche de patriotisme que de rimes :

> Français, le signal est donné,
> Sortons d'un sommeil léthargique
> Qui tenait nos cœurs enchaînés ;
> Vengeons, sauvons la République.
> Le temps nous prépare des fers
> Pour nous conduire à l'anarchie,
> Qui veut affranchir l'univers
> Doit commencer par sa patrie.
> Chassons les rois, poursuivons les tyrans,
> Marchons, marchons,
> Sur les débris de leurs trônes sanglants.
> Si d'insolentes légions
> Voulaient nous remettre à la gêne,
> Citoyens, levons-nous, partons,
> Nous les terrasserons sans peine.
> Le soldat de la liberté
> Craindrait-il ces hordes d'esclaves,
> Non, il vit pour l'égalité,
> Il meurt en rompant ses entraves.
> . . . . . . . . . . . . . . . .

Moulinet, qui chantait sans accompagnement, « avait pris quelques tons trop haut » et fut bientôt forcé de s'arrêter. De violents murmures et un coup de sifflet se firent entendre. Fort heureusement, l'amateur fut prêt en quelques instants; il entra en scène et chanta la *Marseillaise*, qui fut couverte d'applaudissements.

L'administrateur municipal qui assistait à la représentation (1) fit prévenir ses collègues, qui se réunirent immédiatement et prirent, séance tenante, la délibération suivante :

DÉLIBÉRATION DE L'ADMINISTRATION MUNICIPALE DU CANTON DE BEAUVAIS, QUI ORDONNE LA FERMETURE PROVISOIRE DE LA SALLE DES SPECTACLES.

*(Séance publique du 24 ventôse, an IVe de la République française)*
(14 mars 1796).

L'administration municipale, sur le rapport d'un de ses membres, qu'à la représentation de ce soir, à laquelle il assistait pour surveiller l'action de la police, s'est présenté, entre les deux pièces, pour chanter les hymnes patriotiques, un individu qui, par sa manière de les rendre, a provoqué les plus violents murmures, qu'ayant fait appeler le directeur du spectacle pour savoir pourquoi, loin d'apporter la décence et la pompe prescrites par le directoire exécutif, et recommandées par l'administration municipale dans l'exécution de ces hymnes, on les confiait presque toujours à des ignorants qui en compromettent la dignité;

Que ce directeur lui ayant répondu que l'artiste plus capable de les chanter s'habillait pour la seconde pièce, tandis que lui, directeur, était occupé de quelques arrangements de son théâtre, il avait requis l'artiste désigné de se présenter à l'instant et de chanter la *Marseillaise*, qui a été couverte d'applaudissements;

Considérant que l'insouciance trop souvent démontrée des artistes et propriétaire de ce spectacle devient réellement coupable, après l'injonction qui leur a été faite d'apporter aux chants patriotiques toute la décence, toute la solennité que comportent et les décorations et les talents des acteurs;

Considérant que ces mêmes acteurs, qui mettent beaucoup de recherche et d'amour-propre dans l'exécution de vaudevilles qui se trouvent dans leur rôle, semblent dédaigner de chanter eux-mêmes la gloire de nos armées et l'amour de la liberté, célébrées dans les chansons particulièrement adoptées par le gouvernement républicain;

---

(1) Un administrateur municipal, un commissaire de police et quatre gardes nationaux assistaient à chaque représentation pour assurer le bon ordre.

Arrête, le commissaire du pouvoir exécutif entendu, que le spectacle de cette commune sera provisoirement fermé ;

Qu'il sera défendu, tant au citoyen Laurent qu'aux artistes, de jouer ou de laisser jouer sur leur théâtre ;

Qu'il en sera rendu compte au ministre de la police générale, ainsi qu'à l'administration du département ;

Que la présente délibération sera imprimée, publiée et affichée dans l'étendue de ce canton (1).

Mal informé des faits par les administrateurs du département (2), le ministre de la police, Merlin de Douai, écrivit, le 26 ventôse, aux officiers municipaux :

« Il ne doit pas paraître étonnant, citoyens, que des ennemis de la liberté se permettent d'insulter au patriotisme, mais il n'en est pas ainsi lorsqu'ils restent impunis. Je suis instruit que des couplets républicains ont été sifflés sur le théâtre de votre commune, mais j'ignore si l'auteur de ce délit est poursuivi ;

---

(1) Archives municipales, R II 6. — Les citoyens comédiens adressèrent une lettre aux officiers municipaux pour se disculper des reproches qui leur étaient adressés et pour protester de leur patriotisme. Voir Pièces justificatives, XIV.

(2) Laurent avait d'abord prétendu que les huées ne s'adressaient pas à l'acteur, mais à la chanson « parce qu'elle avait été chantée autrefois à Beauvais par Mazuel, dans le temps qu'il y résidait. » — Mazuel, né à Lyon, avait d'abord été garçon cordonnier. Entré dans les bureaux de la guerre, il se fit remarquer par son intelligence, fut nommé commandant et envoyé à Beauvais avec un escadron de l'armée révolutionnaire (septembre 1793). Cette troupe, recrutée dans la lie de la population parisienne, était destinée à combattre seulement l'*ennemi intérieur*. Par ses actes et sa conduite, elle se rendit odieuse à la garnison et aux habitants. Des rencontres avaient lieu à chaque instant entre les cavaliers révolutionnaires et ceux de la ligne : presque tous les jours on relevait un cadavre dans les fossés de la porte de Bresles. Plongé dans la débauche, Mazuel encourageait ces désordres. Sur un faux rapport envoyé par lui, la Convention déclara Beauvais en état de rébellion et donna l'ordre d'arrêter toutes les personnes suspectes (17 vendémiaire-8 octobre 1793). Mazuel quittait Beauvais quelque temps après avec son compagnon d'orgie, Leclerc, ancien feudiste de M. de La Rochefoucauld. Le 24 mars 1794, Mazuel et Leclerc, impliqués dans le procès des Hébertistes, montaient sur l'échafaud A cette nouvelle, la municipalité fit

dans le cas contraire, j'invoque sur cet individu toute votre surveillance. Ces sortes d'êtres n'insultent ainsi dans l'ombre que parce qu'ils sont lâches et n'osent se montrer.

« Le Directoire exécutif en ordonnant que des airs civiques seraient chantés sur les différents théâtres de la République a senti qu'ils serviraient à maintenir et à raviver l'esprit républicain. On n'a point encore oublié les prodiges opérés par l'*Hymne des Marseillais;* pourquoi par de nouveaux chants ne chercherions-nous pas à les ressusciter et à justifier la réputation que nous devons même au témoignage de nos ennemis : *Que le Français se bat et triomphe en chantant* (1). »

Le 29, nouvelle lettre de Merlin, qui avait reçu la délibération municipale :

« Je ne puis qu'approuver, citoyens, la mesure que vous avez prise contre le directeur du théâtre de Beauvais, je ne devais pas moins attendre de votre zèle; j'ai lieu de croire que la leçon qu'il vient de recevoir de vous rendra cet entrepreneur plus attentif à ses devoirs, en lui faisant connaître qu'il y va de son intérêt de les remplir; toutefois, comme le spectacle est pour le peuple un délassement que votre surveillance peut faire tourner à son instruction et aux progrès du patriotisme, je vous laisse les maîtres de juger si la fermeture du théâtre pendant plusieurs jours ne doit pas suffire pour engager les acteurs à n'y plus donner lieu; il sera bon néanmoins de faire au directeur une

---

célébrer une fête civique. Deux mannequins représentant Mazuel et Leclerc furent brûlés sur le Jeu-de-Paume et on jeta leurs cendres au vent. En même temps, pour montrer qu'en vouant ces hommes au mépris public on ne cessait pas d'honorer les vrais révolutionnaires, les bustes de Marat et de Lepelletier furent promenés triomphalement dans les rues et dans le *Temple de la Raison*. La municipalité s'empressa de rendre compte de cette fête à la Convention et la supplia de rapporter le décret du 17 vendémiaire, surpris à sa religion par les dénonciations calomnieuses de Mazuel et de Leclerc. Le moment était mal choisi. Le 5 avril, la Convention envoyait à leur tour les modérés à la guillotine : Danton, Camille Desmoulins, Hérault de Séchelles, etc. Le décret, qui depuis si longtemps faisait souffrir la ville, ne fut rapporté qu'au mois de novembre. (*Moniteur universel*, 28 novembre 1794).

(1) Archives municipales, R II 6.

remontrance ferme et vigoureuse sur ce qui s'est passé; il pourra trouver un moyen d'atténuer l'impression désavantageuse qu'à dû laisser dans l'esprit des républicains la conduite de ses artistes, en fesant chanter avec soin les couplets dont je joins ici un exemplaire. Je vous invite à les faire entendre souvent, ils rappellent des idées de courage et de dévouement dont nos braves guerriers donnent encore journellement des exemples. Malheur à celui dont l'âme demeure froide à ces sublimes images (1). »

Le 4 floréal (23 avril 1796), la municipalité permit la réouverture du théâtre. Laurent et l'acteur Louis-Joseph Pie, dit du Ruissel, au nom de ses camarades, prirent par écrit l'engagement de se soumettre à toutes les dispositions de l'arrêté suivant:

L'administration municipale considérant que les spectacles, en raison des rassemblements qui s'y font, devant être des écoles propres tout à la fois à la formation du goût des arts, à l'épuration des mœurs et à la propagation des principes républicains, sont sous la surveillance des municipalités,

Le commissaire du pouvoir exécutif entendu,

Arrête ce qui suit :

Il ne sera représenté aucune pièce tendante à dépraver l'esprit public, à réveiller la honteuse superstition de la royauté, à corrompre les mœurs, à troubler l'ordre et la tranquillité publique.

Il sera joué par l'orchestre, chaque jour de représentation, et avant la levée de la toile, les airs chéris des républicains, tels que la *Marseillaise, Ça ira, Veillons au salut de l'empire* et le *Chant du départ*.

Dans l'intervalle des deux pièces, on chantera toujours l'*Hymne des Marseillais*, *Veillons au salut de l'empire*, ou autres chansons patriotiques, lesquelles seront annoncées par les affiches.

Aucun citoyen et citoyenne ne pourra avoir entrée au spectacle lorsqu'il s'y présentera sans cocarde et armé.

La salle du spectacle n'ouvrira pas avant quatre heures.

Les comédiens oublièrent bien vite leurs promesses. Dès la seconde représentation, le commissaire de police disait dans son rapport :

« Je ne sais pas si j'ai bien fait de laisser paraître dans les diverses scènes de *Beverley* les deux acteurs sous un costume

(1) Archives municipales, B II 6.

anglais, ayant une grande cocarde noire chacun à leur chapeau..... J'ai aussi remarqué que, dans la deuxième pièce, le citoyen Dupré, acteur, n'avait pas la cocarde à son chapeau, ainsi que le citoyen Prosper, mais que ce dernier en avait une très-grande à son épée qui lui servait de nœud..... (1). »

Nous pouvons encore citer d'autres faits. Le 3 prairial (22 mai), l'affiche, en indiquant le prix des places, établissait « une distinction scandaleuse et illicite » entre le numéraire et les assignats. Le 1er brumaire (22 octobre), l'acteur Borsme, en remettant à l'imprimeur Desjardins le programme de la représentation du lendemain, lui demandait, malgré l'arrêté municipal, de supprimer l'annonce des chants patriotiques.

Après son coup d'Etat du 18 fructidor (4 septembre 1797), le Directoire redoubla encore de sévérité à l'égard des spectacles. Chaque municipalité reçut l'ordre de faire examiner avec le plus grand soin le répertoire des théâtres de sa commune. Boinvilliers, professeur de belles-lettres à l'Ecole centrale de l'Oise (2), fut chargé de lire toutes les pièces que les comédiens voulaient représenter au théâtre Laurent. Ses rapports sont conservés aux Archives municipales ; nous en transcrivons quelques-uns :

*16 brumaire an VI.* — Vous me demandez mon avis sur chacune des pièces que vous me faites passer, je vous dirai avec franchise ce que je pense de *Nicodème dans la lune* que je vous renvoie (3).

Ce n'est pas, citoyens, ce me semble, dans un moment où une paix glorieuse vient fermer nos blessures et rallier tous les cœurs, qu'on doit représenter un ouvrage qui, malgré les derniers changements apportés

---

(1) Archives municipales, K II 6. — « Les comédiens étaient obligés de sacrifier toute l'illusion théâtrale à la crainte de blesser l'œil ou l'oreille des sans-culottes ignorants, et l'on voyait des Grecs, des Romains, des Vénitiens, des Gaulois paraître sur la scène avec les couleurs nationales ; les femmes elles-mêmes n'étaient point exemptes de cette absurde sujétion, et Phèdre ne déclarait sa flamme à Hippolyte que la poitrine ornée d'une large cocarde tricolore. » Etienne et Martainville : *Histoire du théâtre français pendant la Révolution*, t. III, p. 111.

(2) Voir l'*Instruction publique à Beauvais pendant la Révolution*.

(3) Cette pièce du Cousin Jacques (Louis-Jacques Beffroy de Reigny) eut un succès considérable. Elle fut jouée plus de six cents fois à Paris.

par l'auteur, ne laisse pas de renfermer encore mille allusions qui ne manqueront point d'être saisies par la malveillance. Vous savez, citoyens, mieux que personne, qu'il n'est rien d'innocent en soi-même qui ne prête néanmoins à des interprétations malignes; et certes on ne manquerait pas d'en faire, en entendant certains couplets, certaines expressions que l'auteur a placés dans la bouche de *Nicodème* et de *Jacquot*. Entre autres couplets, je citerai celui-ci :

Dans un p'tit coin d'la sall'publique
J'entends qui parlions *porlitique ;*
Moi, sans rien dire, un p'tit instant,
Tout en penchant com'ça ma tête,
J'écoute... et j'dis en m'en allant :
Ah ! mon Dieu ! *qu'ils sont bêtes !*

Entre autres expressions, j'indiquerai celles-ci : « C'est une belle chose si on veut qu'une révolution, mais c'est pus bieau d'loin que d'près. » — « J'n'ai pas dit à l'Empereur tout ce qui s'était passé de mal dans mon pays, j'ons glissé là-d'sus, il y en aurait eu trop long, la conversation n'aurait pas fini, j'lions dit qu'tout ça s'était passé l'mieux du monde, etc. »

Je bornerai là, citoyens, mes observations; elles me sont dictées par l'amour de la paix et le désir sincère de voir régner la concorde et l'harmonie parmi les citoyens.....

*18 brumaire an VI.* — Sévère envers *Nicodème*, je vous annonce avec plaisir aujourd'hui que rien ne s'oppose à la représentation des deux pièces que vous m'avez envoyées, savoir *L'homme et la femme comme il y en a peu* et *Les arts et l'amitié*, si ce n'est peut-être le mauvais choix de l'une et la difficulté de bien jouer l'autre.

Dans cette dernière, p. 26, vers antépénultième, il y a une expression à changer, c'est celle-ci :

D'offenser les mœurs ni les *Rois*
Ils sont à jamais incapables.

A ce premier vers de huit syllabes je propose de substituer celui-ci de douze :

Et d'outrager les mœurs et d'enfreindre les *Lois*
Ils sont à jamais incapables.

Vous remarquerez, citoyens, que la pièce est écrite en vers libres.

*1er frimaire an VI.* — Si les titres de *comte* et de *marquis* ne sont pas rigoureusement proscrits de la scène française, je ne vois aucun inconvénient à laisser représenter l'ouvrage que je vous renvoie ci-joint. Le marquis de *Tulipano* y est tellement ridicule qu'il ne saurait par son caractère et son langage faire regretter le jargon et la vanité de l'ancienne cour.

*12 frimaire an VI.* — Je ne vois aucun inconvénient à représenter le *Mariage de Jeannot* que je vous fais repasser; c'est une mauvaise farce de plus qu'on verra sur la scène.

Malgré tous ses scrupules, Boinvilliers laissa cependant passer une pièce, la *Revanche forcée*, qui occasionna un certain tumulte. Voici le rapport du commissaire de police (1) :

« Au moment où l'abbé paraît avec un pistolet à la main pour forcer le militaire à danser, en représailles de ce qu'il l'avait contraint de chanter, plusieurs applaudissements se sont fait entendre. Dans le même moment, des cris partant du parterre se font aussi entendre : *A bas les chouans! à bas les épaulettes! à bas l'officier!* Voyant ce tumulte, je me suis décoré du ruban tricolore et me suis porté dans le groupe où paraissaient les mécontents, que j'ai trouvé composé de militaires et de citoyens qui disaient que cette pièce était une horreur digne des chouans. D'autres disaient que l'officier était l'agressseur et que cela était jeu de comédie..... Plusieurs ont observé que ce n'était pas contre la pièce qu'ils criaient, mais contre le costume de l'officier, qu'ils auraient désiré voir sous celui d'un anglais, et que sous cet habillement ils l'auraient vu avec plaisir humilié !... »

Boinvilliers, « membre du Musée et de la Société littéraire de Paris, » était aussi auteur dramatique. Voulant faire représenter une de ses œuvres et ne pouvant se censurer lui-même, il envoya son manuscrit aux administrateurs municipaux :

« Je m'empresse de vous soumettre un de mes ouvrages dramatiques qui doit être représenté incessamment sur le théâtre de cette commune. Je vous l'envoie manuscrit, quoiqu'il ait été joué, il y a plus de trois ans, sur un des théâtres de la ci-devant capitale, mais des raisons de convenance ne me permirent pas de le faire imprimer à cette époque. Je vous serai obligé, citoyens, de me renvoyer sous bande cette pièce dès que vous l'aurez lue, vous n'y trouverez sans doute rien de répréhensible..... (2). »

Nous ne pouvons dire quelle était cette pièce manuscrite, re-

(1) Archives municipales, R II 6. — Représentation du 12 nivôse an VI (1er janvier 1798).

(2) Archives municipales, R II 6.

présentée à Paris; nous connaissons seulement de Boinvilliers une pièce imprimée (1), *Monsieur le Marquis,* comédie en deux actes et en vers, « où règne l'aversion pour tout ce qu'il y a de vain et mensonger. » Elle fut refusée par le théâtre de la Nation. Aussi l'auteur, dédiant sa comédie « à son ami, » lui écrit-il : « Je me flattais que ce petit ouvrage, traduit sur la scène, pourrait acquérir à tes yeux un nouveau degré de mérite, mais les directeurs d'un théâtre *souillé d'aristocratie* ont cru devoir le refuser. Il te plaira donc, ô mon ami, il plaira de même à la saine partie du peuple par la raison seule qu'il n'a pas plu à ces Messieurs ! »

*Monsieur le Marquis,* dans l'intention de Boinvilliers, est « une satire des petits tyrans dévorés d'orgueil et d'ambition. » On peut en juger par le caractère des personnages :

LE M^is DE FLORICOURT. Jeune fat aussi étourdi que présomptueux.
DORANTE............. Député, homme très réfléchi, ne s'échauffant que quand les circonstances le commandent.
ELMIRE.............. Pupille de Dorante, jeune personne fort aimable et très sensible, ennemie jurée de la noblesse.
BRIDEFER............ Sellier, homme d'un caractère froid et sérieux, plein d'honnêteté et de bonhomie.
DUMONT.............. Intendant du marquis.
LA GRENADE.......... Son fils, garçon fort niais.
UN TAMBOUR de la garde nationale. Homme d'un caractère ferme et loyal, paraissant avoir des sentiments élevés. Il est bien fait et d'une bonne complexion.

Les quelques vers suivants donnent une idée de la pièce :

LE MARQUIS DE FLORICOURT.

Graves législateurs, mille attentats énormes
Se commettent, Dieu sait, tous les jours sous vos yeux...
On vient vous en instruire, on informe, on fait mieux ;
On cite les auteurs de ces horribles crimes ;
Tant d'excès révoltants vous semblent légitimes,
Et personne ne vient nous porter de secours.

---

(1) A Versailles, chez P. Le Bas, an IV. Nous empruntons les détails qui suivent au livre si complet et si intéressant de M. Welschinger, le *Théâtre de la Révolution.* (Paris, Charavay. 1881.)

DORANTE *(le député).*

Que pouvons-nous? Gémir et vous plaindre! Toujours
De la fureur du peuple on vous verra victimes,
Quand vous n'épargnerez ni bassesses ni crimes
Pour lui ravir ses droits, sa chère liberté!
. . . . . . . . . . . . . . . . . . . . . . . . .
Ah! s'il ne consultait que son juste courroux,
Le peuple, ivre de joie, à sa prompte vengeance
Immolerait bientôt la noblesse de France!.....

Et le citoyen Boinvilliers qualifie son député Dorante « d'homme très réfléchi, ne s'échauffant que quand les circonstances le commandent! »

Bientôt les pièces politiques disparaissent peu à peu de l'affiche pour faire place à l'opéra-comique. La salle Laurent est peu fréquentée; Boinvilliers, chargé de la critique théâtrale au *Journal de l'Oise,* s'en plaint avec amertume (1) : « Les artistes qui composent la Société lyrique de cette commune redoublent tous les jours d'efforts pour satisfaire le public, ils ne peuvent néanmoins parvenir à le fixer parmi eux. A les entendre, il n'y a pas de commune où l'on encourage moins que dans celle-ci les artistes de tout genre, il n'y en a point où les recettes soient moins fortes..... Osons donc le dire : le public, de l'aveu même de nos concitoyens, est indifférent en ce pays sur tout ce qui tient aux lettres et aux arts en général (2). » Et cependant

(1) *Journal de l'Oise* de l'an VI.

(2) Compiègne, espérant enlever à notre ville l'honneur de posséder l'école centrale de l'Oise, disait aussi dans son *Mémoire* présenté au Conseil des Anciens : « Beauvais semble se refuser à la culture des lettres, à toutes les productions de l'esprit. » Le rapporteur, Poujard Du Limbert, réfuta spirituellement l'objection : « En admettant d'ailleurs, pour un moment, un parallèle aussi peu flatteur pour Beauvais que celui qu'on s'est permis, votre commission n'y verrait encore que de nouveaux motifs de laisser dans cette ville l'école centrale que la loi y a fixée. En effet, le moyen de guérir cette aversion prétendue des Beauvaisiens pour les sciences et pour les arts serait de donner de bonne heure, à l'esprit de leurs enfants, une direction vers les sciences, les lettres et les arts. » *Moniteur universel* du 24 ventôse an IV (14 mars 1796).

la troupe possède une étoile, la citoyenne Troy, « très jeune et très aimable artiste, » incomparable dans les rôles d'*Azemia* et de *Virginie*. C'est toujours Boinvilliers qui le dit, et, pour que son témoignage ne soit pas suspect, il s'empresse de déclarer qu'il n'est nullement amoureux de la jeune actrice :

De Thalie
Enfant chérie,
Reçois les vers
Que je t'adresse ;
Exempt de travers,
Ce n'est qu'à tes talents divers
Que mon cœur s'intéresse :
Or, sans amour, sans tendresse,
Ils te sont offerts (1).

## XIII

## RIVALITÉ DES DEUX THÉATRES.

Les artistes lyriques quittèrent Beauvais au mois de janvier 1798, emportant, à défaut d'argent, « l'estime des citoyens (2). » Au commencement de mai arrivait une troupe de comédiens qui s'étaient associés pour exploiter le théâtre Laurent pendant une année. La permission de jouer tous les jours pairs de la décade lui fut accordée. Le 31 mai, à la suite de dissensions que nous

(1) *Journal de l'Oise*, an VI. — La pièce a 73 *vers*.

(2) Voici le certificat délivré par la municipalité à la jeune citoyenne Troy et à son père : « Nous certifions que le citoyen Jacques Troy, âgé de 40 ans, taille de 5 pieds 4 pouces, et Françoise Troy, sa fille, âgée de 14 ans, et de la taille de 4 pieds 8 à 10 pouces, ont exercé la profession d'artistes lyriques en cette commune, depuis le mois de germinal an V jusqu'au 13 de ce mois qu'ils l'ont quittée pour se rendre à Paris, que pendant ce temps ils se sont comportés de manière à mériter l'estime des citoyens, tant par leur conduite privée que par l'exercice de leur art, et qu'il n'est survenu à l'administration aucune plainte contre eux. 16 nivôse an VI. » Archives municipales, B II 6. — Les éloges donnés par Boinvilliers à Françoise Troy paraissent mérités, car elle quitta Beauvais pour entrer au Théâtre-Italien.

ignorons, l'acteur Beaufort quittait le théâtre Laurent avec quelques uns de ses camarades et formait une seconde troupe. Il demanda l'autorisation de donner des représentations au théâtre Feuillet, fermé depuis 1794. La municipalité fit visiter la salle par le citoyen Hénault, menuisier, qui certifia « qu'elle était bien bonne et bâtie solidement, sans qu'il pût arriver rien de désagréable au public. »

La réouverture du théâtre Feuillet avait lieu le 20 juin. Les acteurs du théâtre Laurent ayant obtenu le privilège de jouer les jours pairs de la décade, Beaufort ne pouvait jouer que les jours impairs, à son grand désavantage (1). On lui permit cependant de donner sept représentations consécutives avec la citoyenne Thénard, actrice de grand talent, qu'il avait engagée et qui ne pouvait rester que quelques jours à Beauvais (2).

Les acteurs du théâtre Laurent protestèrent et adressèrent à la municipalité une demande ainsi conçue :

« Citoyens. Lorsque nous nous sommes engagés réciproquement à Paris, nous ne l'avons fait que dans l'assurance physique qu'il n'y avait qu'un théâtre à Beauvais. Quelques-uns de nos membres, quoique liés d'honneur et par avances, ont passé par dessus tout, enfin ont obtenu sous la sauvegarde de la *constitution* d'établir un second théâtre. Aucun motif n'a été allégué pour *violer la constitution* à leur égard. C'est en vertu de cette même *constitution inviolable* que nous demandons à jouer tous les jours indistinctement. Nous devons ce travail pénible à l'honneur dont nous sommes tous susceptibles, c'est-à-dire en acquérant le moyen de payer des dettes sacrées. Nous osons

---

(1) « L'expérience a démontré que les jours impairs contrarient la recette par les jours de marché qui s'y trouvent, » écrivait Beaufort aux administrateurs municipaux. — Les marchés avaient lieu les troisième, sixième et neuvième jours de chaque décade, le franc-marché se tenait le vingt-neuvième jour de chaque mois.

(2) Marie-Madeleine Porrain, dite Thénard, actrice du Théâtre-Français, prit sa retraite en 1826 et mourut en 1849. En 1781, elle s'était fait une si belle réputation sur le théâtre de Lyon, qu'on la manda par une lettre de cachet au Théâtre-Français, où elle débuta d'une manière triomphale.

espérer que la *constitution* sera *inviolable* pour nous comme pour les autres..... (1). »

L'administration municipale leur répondit qu'ils ne profitaient même pas de leur privilège de jouer tous les jours pairs, qu'ils ne faisaient leur demande que « pour éluder l'arrêté, prendre souvent relâche et jouer tous les jours vulgairement appelés fêtes et dimanches; » que, du reste, il lui était impossible de fournir chaque jour deux de ses membres, deux commissaires de police et huit gardes nationaux pour assurer le bon ordre dans deux théâtres.

Boinvilliers, dans son *Almanach de l'Oise pour l'an VII*, crut devoir faire une allusion à ces faits :

THÉATRES. — « Il y a dans cette commune une salle de spectacle fort agréable; elle est due aux soins du citoyen Laurent, artiste plein d'intelligence, qui en est tout à la fois le créateur, le décorateur et le machiniste. Il ne tient pas à lui de fixer à Beauvais une troupe de comédiens passables et d'y faire représenter de bons ouvrages dramatiques. Que les habitants se pro-

(1) Archives municipales, R II 6. — Désorganisée par le départ de Beaufort, la troupe avait dû cesser provisoirement ses représentations. Pendant ce temps, la citoyenne Cabanel, dite *Malaga*, fut autorisée à jouer au théâtre Laurent tous les jours pairs de la décade. Elle crut devoir aussi réclamer, au nom de la *constitution inviolable* ; « Citoyens, en arrivant dans cette commune, je me suis conformée à la loi qui me prescrivait une déclaration à votre greffe, que mon intention était d'exercer tous les jours mon état, en vertu de ma patente. Vous avez pris acte de ma déclaration sur votre agenda. Aujourd'hui quelques-uns de vous reviennent sur leurs pas. Je demande, en vertu de la loi et de la *constitution inviolable*, de jouer tous les jours indistinctement, à compter de ce jour, et tout le temps de mon séjour en cette commune. J'attends de vous la justice qui m'est due en vertu de la loi..... » La citoyenne Cabanel était probablement une danseuse de corde, une physicienne, etc..... Nous n'avons pas cru devoir parler des spectacles de ce genre. Disons seulement que nous avons trouvé, parmi les pièces conservées aux Archives municipales, une demande portant cet en-tête imprimé : *Mademoiselle Forioso, artiste, dansant sur la corde, chargée des fêtes du Sénat conservateur*.

noncent, ils auront des pièces décentes et de bon goût. Cette salle est rue Sellette, maison des ci-devant Minimes.

« Il existe momentanément, rue du Franc-d'Or (1), un autre théâtre sans machines et sans décorations. Ainsi que le temple de Janus, il était fermé pendant la paix; la discorde seule l'a fait ouvrir.

« Je ne dois pas terminer cet article sans faire connaître combien de gens de lettres sont fiers à bon droit de posséder dans cette commune le célèbre Préville, bien qu'il soit extrêmement vieux (2). On peut dire de lui seul :

Un rire universel a fêté sa naissance.....
Il reçut le grelot des mains de la Folie;
En bégayant encore il vola vers Thalie.
Que du lierre immortel son front soit décoré;
Qui fait rire son siècle, en doit être adoré. »

Cet article anodin exaspéra Beaufort, qui publia un violent pamphlet contre l'auteur de l'*Almanach de l'an VII*. Nous n'avons malheureusement pas retrouvé cette pièce; nous ne connaissons que la réponse de Boinvilliers (3) :

COURTE RÉPONSE AU CITOYEN BEAUFORT,
*artiste dramatique.*

Je l'avouerai, j'ai dit que sur votre théâtre
On ne voit point de décoration.
J'ai dit de plus que la DISSENSION,
Monstre femelle, en tout d'humeur acariâtre,
En a fait parmi vous l'inauguration.
Ai-je abusé du droit d'écrivain? Non;
Du vrai je fus toujours trop idolâtre.
Pour vous, Beaufort, croyez (je le veux bien)
Ou que votre théâtre est le premier du monde,
Ou qu'après lui le meilleur ne vaut rien.

(1) Nom donné à la rue de l'Ecu pendant la Révolution.

(2) Voir l'Appendice, II : *Préville à Beauvais.*

(3) Page supplémentaire distribuée aux souscripteurs de l'*Almanach de l'an VII.* (Cabinet Mathon.)

A Dieu ne plaise que je fronde
Semblable erreur ! La scène abonde
En merveilleuses fictions;
Et dès longtemps, sans doute, amant de Melpomène,
Vous voyagez de scène en scène
Au pays des illusions.

« Je n'ai point condamné, dans mon article des Spectacles, l'ouverture du théâtre Feuillet, comme le croit le citoyen Beaufort qui a complètement divagué dans son misérable pamphlet; j'ai annoncé simplement, et sans réflexion aucune, que la désunion parmi les artistes a seule rappelé l'existence d'un théâtre oublié. Chacun est libre de former des établissements que la loi ne désavoue pas. Je n'ai épousé les intérêts de personne, et surtout je n'ai eu nulle intention de nuire au citoyen Feuillet, dont je ne puis qu'estimer les mœurs et le civisme (1). »

La querelle s'envenimant, Boinvilliers crut prudent de disparaître pendant quelque temps. C'est du moins ce que nous fait supposer l'avis suivant, imprimé en caractères gigantesques en tête du *Journal de l'Oise :*

TUBEUF

*à ses concitoyens.*

En attendant que le PACIFIQUE reparaisse, je donne *gratis* à mes abonnés les poésies (2) et la littérature suivantes, pour les dédommager

---

(1) On voit que Feuillet avait aussi pris en très mauvaise part l'article de Boinvilliers. — Le 9 thermidor avait mis fin à sa détention qui semble avoir été particulièrement rigoureuse. « .....Prieur a été marquer lui-même le cachot où il voulait qu'on enfermât le citoyen Feuillet à qui ses connaissances sur les manœuvres secrètes du comité ont attiré bien des tortures. Ce citoyen peut dévoiler bien des horreurs et donner de grands éclaircissements sur les membres du comité, les chefs de l'armée révolutionnaire et leurs adhérents..... » Archives municipales.

(2) Pièces en l'honneur de Bonaparte, par le citoyen Comien, instituteur public à Clermont.

de la privation qu'ils éprouvent, et qui est causée par des circonstances que je ne dois pas rendre publiques dans ce moment. Les abonnés ne perdront rien à l'interruption, leur abonnement finira plus tard.

TUBEUF.

Beaufort vit aussi ses anciens associés renoncer à la lutte et lui abandonner la place. Au mois d'octobre, il quittait le théâtre Feuillet, venait s'installer triomphalement au théâtre Laurent et choisissait pour ses représentations les jours pairs de la décade, « beaucoup plus favorables pour la recette. »

Son triomphe fut de courte durée. Il n'avait plus la citoyenne Thénard pour retenir les spectateurs, qui devinrent de plus en plus rares. Le 24 novembre 1798, Savary, souffleur de la troupe, écrivait aux administrateurs municipaux : « Ma demi-part ne m'ayant procuré que 75 livres depuis six mois que je suis en cette ville, les citoyens artistes, touchés de ma triste position, ont eu la bonté de m'accorder une représentation..... Vous n'ignorez pas que jouant un jour ouvrier, loin d'en tirer un bénéfice, peut-être serai-je obligé de mettre aux frais; j'ose espérer que vous voudrez bien m'accorder le quintidi de cette décade, c'est ma seule ressource et l'unique espoir qui reste à un malheureux vieillard, jouet infortuné des plus cruels évènements (1). » L'administration fut impitoyable et répondit « qu'elle persistait dans son arrêté du 26 brumaire qui accordait aux artistes dramatiques les jours pairs de la décade pour donner leurs représentations. »

Les années suivantes, plusieurs troupes se succédèrent sans parvenir à fixer davantage le public (2). En 1802, le citoyen Cambry, premier préfet de l'Oise, se plaignait de cet abandon du théâtre en termes peu flatteurs pour ses administrés : « Il y a dans Beauvais une salle de comédie proportionnée à la grandeur de la ville, assez bien décorée par le propriétaire; il la

(1) Archives municipales, R II 6.

(2) Les malheureux acteurs étaient écrasés par les frais. Outre le loyer de la salle qu'ils payaient à Laurent, ils versaient à la commission administrative des hospices, pour la caisse des secours à domicile, le droit des pauvres, fixé au dixième de la recette. Le 1er pluviôse an VIII, ils demandèrent (et obtinrent, croyons-nous) de ne payer qu'un droit fixe de 6 francs par représentation. — Archives municipales, R II 6.

loue aux comédiens, qui, toujours trompés dans leurs espérances, se hâtent de l'abandonner. L'art dramatique n'a pas de prise sur des hommes froids qui redoutent la dépense jusqu'à blâmer celle dont ils profitent (1). »

## XIV

### LA SOCIÉTÉ DRAMATIQUE.

La Société de musique, comme nous l'avons dit plus haut, avait établi un théâtre où l'on jouait la comédie et l'opéra-comique. Au XVIII^e siècle, ces théâtres de société étaient fort à la mode. Sous le Directoire et dans les premières années de l'Empire, de 1798 à 1806, ils ressuscitèrent avec une nouvelle fureur. « On en comptait, dit Brazier (2), plus de deux cents dans la capitale; il y en avait dans tous les quartiers, dans toutes les rues, dans toutes les maisons. On jouait la comédie dans les boutiques des marchands de vin, dans les cafés, dans les caves, dans les greniers, dans les écuries, sous les hangars. C'était épidémique, une grippe, un choléra dramatique..... De la petite bourgeoisie, ce goût était descendu jusque chez les ouvriers. Ils perdaient souvent un ou deux jours de la semaine, sans compter l'argent qu'ils dépensaient, pour avoir le plaisir d'amuser à leurs dépens. J'ai vu des Agamemnons aux mains calleuses, des Célimènes en bas troués; j'ai vu jouer le *Séducteur* par un homme qui avait deux pieds-bots, et le *Babillard* par un bègue. Cette fièvre, qui dura plusieurs années, était devenue inquiétante et jeta au théâtre un grand nombre de comédiens détestables. »

Le 9 nivôse an VII (29 décembre 1798), Nicolas Feuillet, toujours actif et remuant, déposait la pétition suivante à l'Hôtelde-Ville :

« Les soussignés, désirant se réunir en *Société dramatique*, sont convenus de se réunir les décadis, quintidis et fêtes nationales, depuis quatre heures de relevée jusqu'à dix heures, dans

---

(1) *Description de l'Oise*, t. I, p. 38.

(2) *Histoire des petits théâtres de Paris*, II, 281.

un local appartenant au citoyen Feuillet, horloger, rue du Franc-d'Or. Ils se proposent de consacrer l'un de ces jours à la représentation de pièces de théâtre propres à propager les principes républicains, à inspirer le goût des vertus et faire naître l'horreur pour le vice. L'autre sera occupé par des bals. Les pièces dont la représentation sera arrêtée seront préalablement soumises à l'administration municipale. Les soussignés, comme les citoyens qu'ils introduiront dans ces réunions, y entreront toujours gratuitement. En conséquence, les soussignés déclarent à l'administration municipale qu'ils se placent sous sa surveillance et réclament son approbation (1). »

Les administrateurs municipaux, « considérant que le but de cette Société pouvait tourner à l'avantage des mœurs et à la *corroboration* de l'esprit public, que les pétitionnaires s'engageaient à ne représenter que des pièces propres à inspirer la haine des tyrans, l'amour des vertus et l'horreur du vice, que les jours qu'ils choisissaient tendaient à établir victorieusement les principes de l'annuaire républicain, » accordèrent immédiatement aux pétitionnaires l'autorisation demandée, à la charge de se conformer aux lois relatives à la police des spectacles.

Un mois s'était à peine écoulé, que les officiers municipaux étaient pris d'un scrupule et se demandaient s'ils ne devaient pas revenir sur leur décision. Le 9 pluviôse (29 janvier 1799), ils adressaient aux administrateurs du département une lettre, dans laquelle — comme l'avaient fait, l'année précédente, les comédiens du théâtre Laurent et la citoyenne Cabanel, dite *Malaga*, — ils invoquaient aussi la *constitution inviolable* :

« Le 9 nivôse dernier, sur une pétition qui nous a été adressée par plusieurs citoyens, au nombre d'environ dix-huit, et qui tendait à avoir l'approbation de l'administration pour se réunir les décadis, quintidis et fêtes nationales, dans un local appartenant au citoyen Feuillet, rue du Franc-d'Or, pour y représenter des pièces républicaines et y donner des bals, nous avons cru devoir applaudir à leurs intentions. En conséquence, l'autorisation réclamée a été accordée.

« Mais aujourd'hui nous sommes informés que se trompant

(1) Archives municipales, R II 6.

sur les principes ils les violent et que la suite de cette violation pourrait préjudicier à l'ordre public.

« Il paraît que la réunion dramatique, composée de cent membres, a fait colporter chez chacun des sociétaires un règlement à signer. Il l'a été par un grand nombre; d'autres s'y sont refusés. On dit que ceux qui montraient quelque répugnance à apposer leur signature étaient déterminés par l'assertion que des fonctionnaires publics n'avaient pas balancé à la donner; on dit de plus qu'il existe des instructions secrètes du gouvernement relatives à ces sortes de réunions.

« Voici ce que nous pensons. Le règlement est inconstitutionnel; tout ce qui a ses lois particulières, lorsque le droit de les faire n'existe pas, devient une association, un corps, une société prohibée par la constitution. Il y a plus, la teneur de ces règlements prévoit des cas d'exclusion, et l'exclusion est une nouvelle inconstitutionnalité.

« En s'égarant sur ces principes fondamentaux de l'ordre qui nous régit, on s'est égaré sur les conséquences. On s'est assemblé au nombre d'environ soixante, il y a cinq ou six jours; cette assemblée, sans une circonstance particulière, aurait donné lieu à l'action de la police. L'assemblée a été orageuse; les éléments se heurtaient, et, peut-être, la tranquillité a-t-elle failli être troublée. Mais elle doit l'être encore plus. Les non-signataires du règlement doivent se présenter demain avec leurs cartes d'entrée; ils savent qu'ils seront refusés et se disposent à réclamer la jouissance de leur droit.

« Nous pourrions nous livrer à des détails particuliers, mais cette circonstance seule nous intéresse. Nous vous prions de la prendre en considération et de nous tracer la marche que nous avons à suivre. Il ne faut pas que des citoyens, qui ont sans doute une intention pure, soient exposés à des désagréments, et nous ne demandons qu'à tâcher de les leur éviter (1). »

Les administrateurs du département répondirent avec raison :

« Il existe, citoyens, des lois répressives des abus qui pourraient se glisser dans les lieux publics; ce serait vous injurier que de les mettre sous vos yeux. Nous sommes trop assurés de

(1) Archives municipales, R II 6.

votre zèle pour concevoir la plus légère inquiétude sur les suites que pourraient avoir les propos qu'énonce votre lettre en date de ce jour; seulement nous nous bornerons à vous inviter d'apporter dans cette circonstance toute la surveillance que vous prescrivent les lois..... »

L'existence légale de la Société Dramatique était donc reconnue. Le 25 pluviôse (13 février 1799), Nicolas Feuillet annonçait à la municipalité que la réunion du soir compterait trois cents personnes et lui remettait un programme ainsi composé :

1° LE DÉPIT AMOUREUX, comédie de Molière réduite en deux actes (1).
2° COUPLETS PATRIOTIQUES.
3° LA MORT DE CÉSAR, tragédie de Voltaire, dépouillée de tout ce qui tendrait à diminuer l'horreur que doivent inspirer à des républicains les tyrans de quelque masque qu'ils se couvrent (2).

Cette pièce est la dernière que nous ayons trouvée sur la Société Dramatique, qui, probablement, n'eût pas une longue carrière (3). Après la fermeture définitive de son théâtre, Nicolas Feuillet ntra dans les bureaux du département. En 1801, il pu bliait le *Nouvel Annuaire civil*, « projet sublime » qui excita

---

(1) « C'est, à ce qu'il semble, sous Louis XVI que Valville, acteur de la Comédie française, mit la pièce en deux actes telle qu'on la joue aujourd'hui. » E. Despois : *Œuvres* de Molière, t. p. 392.

(2) « Les tragédies même qui respiraient le plus ardent amour de la liberté et la haine la plus forte contre le despotisme furent obligées de passer au *scrutin épuratoire*, et n'obtinrent leur *certificat de civisme* qu'après qu'on les eût dégagées de quelques centaines de vers, qui *n'étaient point à la hauteur*. Comment souffrir, par exemple, que la *Mort de César* fut souillée par le discours contre-révolutionnaire de ce *modéré* d'Antoine? Gohier se chargea de *mettre Voltaire au pas*, et refit tout le dénouement de la *Mort de César;* un autre patriote zélé retoucha *Tartuffe;* encore quelques années et l'on eût *sans-culottisé* tous les chefs-d'œuvre de la scène française. » Etienne et Martainville : *Histoire du Théâtre français pendant la Révolution*.

(3) A Paris, ces spectacles bourgeois étaient devenus de vrais théâtres payants où se dépensaient inutilement le temps et l'argent d'une foule d'ouvriers. En 1807, un décret ordonna leur fermeture.

l'enthousiasme de quelques habitants du département. Il mourut à Beauvais, le 9 juillet 1805 (1).

## XV

### LA NOUVELLE SALLE.

Par acte passé devant Me Joly, notaire à Beauvais, le 13 juillet 1808, la Ville devint propriétaire du théâtre de la veuve Laurent, ainsi que des bâtiments, cours et jardin en dépendant, moyennant un prix total de vingt et un mille trois cent quatre-vingt-onze francs quarante-quatre centimes (2). Elle en dégagea les abords et fit établir devant l'entrée une place publique.

Troye, dont nous avons déjà parlé (3), revenait à Beauvais, en 1809, comme régisseur de la troupe d'un M. de Saint-Romain, et payait à la Ville, par chaque représentation, 20 francs de loyer, 5 francs de droit des pauvres; le chauffage, la lumière et autres dépenses restant à sa charge. La veuve Jollivet, nommée, en 1810, directrice de la troupe desservant les départements de l'Oise et de l'Aisne, occupa ensuite le théâtre pendant plusieurs années. Elle payait à la Ville 43 francs par représentation, « tant pour le droit des pauvres que pour le loyer, le chauffage et le garçon du théâtre, les frais de lumière du lustre, de la rampe, des coulisses et du vestibule (4). » Une société, composée de vingt-quatre actionnaires (5), se forma, en 1812,

---

(1) Voir notre article sur l'*Annuaire civil de Nicolas Feuillet (Mém. de la Société*, t. x).

(2) Bâtiments et terrain.......................... 20,079 fr. 58 c.
Frais de contrat, transcription, estimation et plan. 1.311 86
21,391 fr. 44 c.

(3) Voir plus haut les vers adressés par Boinvilliers à sa fille.

(4) Archives municipales, R II, 6.

(5) Nous relevons, dans l'acte de société, les noms de MM. de Corberon, Ach. Gibert, Michel de Mazières, Borel, Sallé, Jourdain d'Héricourt, Danse-Desaunois, etc.

pour fournir à la veuve Jollivet une avance de fonds qui lui permit d'engager une bonne troupe d'opéra-comique.

En 1821, de coûteuses réparations étant devenues nécessaires, le conseil municipal préféra vendre la salle Laurent à l'Etat — qui en offrait 30,000 francs avec l'intention d'y établir le séminaire — et bâtir un nouveau théâtre sur un autre terrain. Plusieurs emplacements furent proposés :

L'ancienne église Saint-Sauveur.
L'ancienne église Saint-Thomas.
Le Jeu-de-Paume.
Le Cours-Scellier.
La place de la Poterne-Saint-Louis.
La place de l'Hôtel-de-Ville.

Le conseil municipal se réunit le 3 décembre (1821) pour examiner une pétition, couverte de nombreuses signatures, qui demandait que le théâtre fût bâti en face de l'Hôtel-de Ville et qu'un marché couvert lui fût adossé. Nous allons transcrire, sans commentaire, le procès-verbal conservé aux Archives municipales :

« .....Un des membres annonce qu'il va poser maintenant la question sous le rapport moral, persuadé, dit-il, que la morale est inséparable d'une bonne administration. Il demande si, sous ce rapport, il n'est pas dangereux de placer ainsi, au centre d'une ville, une salle de spectacle, c'est-à-dire un lieu où toutes les passions humaines sont représentées trop souvent sous des couleurs favorables. Il invoque, à l'appui de cette opinion, l'autorité de plusieurs philosophes, anciens et modernes, qui se sont accordés pour reconnaître les dangers que présentent les spectacles pour les mœurs des jeunes gens, et il en conclut qu'un tel établissement ne doit pas être placé au centre de la population et qu'il est du devoir d'une bonne administration, qui doit prendre la morale pour base de sa conduite, d'éloigner des regards du public les représentations théâtrales.

« M. le maire répondit que l'administration ne manquerait jamais à l'intérêt moral, mais que, s'il était vrai que le spectacle présentât des dangers réels sous le rapport moral, on ne verrait pas nos princes, dont la piété est si bien connue, daigner se montrer aux différents théâtres de la capitale ; qu'une illustre princesse n'aurait pas permis qu'un de ces théâtres reçût l'honneur de porter son nom (1); qu'en outre, en admettant même le danger, il valait mieux que le lieu en fût plus rapproché de l'autorité, afin que la surveillance fût plus active et plus sûre.

« On passe au vote et sur vingt membres présents dix-sept se déclarent pour l'affirmative et trois pour l'avis contraire. »

La place de l'Hôtel-de-Ville ayant été définitivement choisie, M. Landon, architecte du département et de la ville, fut chargé de dresser les plans. Il présenta un devis montant à la somme de 305,857 francs. Le conseil municipal recula devant cette dépense et accueillit les propositions de l'Etat, qui, ayant acheté pour le séminaire les bâtiments de l'ancien collège de la rue Sainte-Marguerite, voulait rétrocéder le théâtre Laurent (1826) (2). Redevenu propriété de la Ville, le théâtre Laurent était démoli, et sur son emplacement on construisit la Nouvelle Salle, inaugurée en 1831. Est-il nécessaire de dire que le chiffre du devis primitif — 177,685 francs — fut largement dépassé.

ERNEST CHARVET.

---

(1) Le théâtre de Madame; aujourd'hui le Gymnase.

(2) « Le 25 avril 1827, le préfet, au nom du conseil général, demandait à acquérir une portion du terrain attenant à la salle de spectacle et appartenant à la Ville, afin de pouvoir réunir ce terrain à ceux que le conseil général se proposait d'acheter pour y faire construire de nouveaux bâtiments qui seraient occupés par les tribunaux et les prisons. » Archives municipales. — On sait que ce projet fut abandonné. En 1846, les divers services du tribunal — dont plusieurs occupaient l'Hôtel-de-Ville — furent réunis à l'ancien évêché, transformé en Palais de Justice. — L'ancienne salle des assises est aujourd'hui le Musée. Les prisons furent bâties plus tard en face du nouveau séminaire.

# APPENDICE.

## I

### LES FÊTES DE NOEL A BEAUVAIS.

Au moyen âge, les fêtes de Noël étaient un temps de divertissement pour l'église et pour le peuple. « A l'imitation des saturnales, le clergé de la province de Reims faisait certaines réjouissances qui duraient, non cinq ou sept jours, comme chez les Romains, mais depuis la fête de Noël jusques aux Rois et au-delà (1). »

A Beauvais, ces fêtes avaient lieu avec un éclat extraordinaire. Elles commençaient par le drame de Daniel, représenté dans la cathédrale le jour de Noël. « Voyez-vous, soit dans l'église, sous les hautes voûtes croisées d'ogives, soit dans le cloître ou sur le parvis, en plein air, sous la voûte du ciel (2), cette multitude d'étudiants et d'écoliers, gent tumultueuse pour l'ordinaire, et avec eux cette grande masse de peuple qui n'est pas fâchée, tout en s'instruisant, de s'amuser un peu, à l'occasion de la Noël? L'orgue résonne, les harpes vibrent, les tambours battent des

(1) Dom Grenier : *Introduction*, p. 352.

(2) Nous avons dit que le drame de Daniel était représenté dans la cathédrale. D'après MM. Sepet et Aubertin, le fait est probable mais non certain. Les antiennes, les répons, les processions et les chants sacrés ne sont pas une preuve suffisante, car cet appareil religieux existe dans certaines pièces jouées en plein air ; et d'autre part, les décors et le spectacle, très développés, ne prouvent rien contre l'hypothèse d'une représentation faite dans l'intérieur de la nef. Le drame de Daniel, dit M. Sepet, fut représenté, peut-être dans l'église, peut-être hors de l'église, peut-être même dans l'église ou hors de l'église, suivant les cas.

marches allègres. Voilà Balthasar et ses courtisans! Voilà la reine! Voilà Darius et ses satrapes! Voilà les anges! Voilà Abacuc! Voilà Daniel! Et les lions dans la fosse! Et la main mystérieuse! On s'étonne, on s'écrie, on trépigne, on applaudit. Et de rire. Nous sommes dans une période de gaieté. Le Christ est né! Réjouissons-nous « *Gaudeamus!* » Certes, si ce beau tapage a eu lieu, comme c'est possible, dans la cathédrale de Beauvais, le vénérable édifice s'est, ce jour-là, singulièrement déridé (1). »

Ensuite venaient : la fête des diacres, la fête des prêtres, la fête des petits clercs ou enfants de chœur, la fête des grands clercs ou sous-diacres. Dans ces diverses cérémonies, il s'agissait avant tout d'écarter le sérieux pour un jour, de rire et de s'amuser, comme l'indiquent les vers entonnés chaque fois dès le début :

*Lux hodie, lux lætitiæ! Me judice, tristis*
*Quisquis erit, removendus erit solemnibus istis.*
*Sint hodie procul invidiæ, procul omnia mæsta,*
*Læta volunt quicumque colunt præsentia festa..*

Le jour de Saint-Etienne, « les diacres formaient une espèce de branle, en chantant le *Magnificat* (2)..... Mais ce n'est pas là l'article le plus scandaleux de la fête. Comme dans les saturnales, les valets prenaient la place du maître, en faisaient les fonctions et se créaient un chef imaginaire, de même les diacres s'emparaient du chœur, en devenaient les maîtres pour y jouer mille farces ridicules (3). »

Le jour de Saint-Jean l'Evangéliste, les prêtres chantaient avec le même entrain le *Deposuit*. « Ils changeaient non seulement de place au chœur, mais aussi d'habillement, dont la bigarrure donnait lieu à la risée et à la raillerie. »

Les petits clercs ou enfants de chœur célébraient leur fête le jour des Innocents. De leurs voix enfantines, ils entonnaient aussi fièrement le *Deposuit*, s'assemblaient en chapitre et choi-

---

(1) *Les Prophètes du Christ* (Bibl. de l'Ecole des Chartes, 1867, p. 263).

(2) *Deposuit potentes de sede et exaltavit humiles.....*

(3) Dom Grenier : *Introduction* p. 363.

sissaient parmi eux un évêque (1). Puis, revêtus de chapes et portant des cierges à la main, ils faisaient une procession à l'église Saint-Michel, « patron des anges auxquels Notre Seigneur a comparé les enfants (2). » Pendant tous les offices, ils occupaient les stalles des chanoines, et ces derniers prenaient la place des enfants de chœur et en remplissaient les fonctions.

Dom Grenier est bien sévère pour ces diverses cérémonies. Les historiens modernes le sont beaucoup moins. Il est certain que ces fêtes, qui ont pu, dans la suite, donner lieu à quelques désordres, n'avaient, dès le début, qu'un caractère de gaîté inoffensive. Elles me paraissent, dit M. F. Bourquelot, « de joyeuses représailles du peuple contre les grands, du bas clergé contre les hauts dignitaires. J'y vois la *liberté de Décembre* (3), passant et se perpétuant d'âge en âge à travers les religions et les civilisations diverses. L'église chrétienne s'efforce de régulariser l'épanchement, souvent grossier, de la gaîté populaire; elle cherche à la sanctifier en se l'appropriant comme elle avait fait en bénissant les temples païens (4). » Le chant du *Deposuit*, ajoute M. Aubertin, « était répété avec frénésie, comme une sorte de *Marseillaise* ecclésiastique, par tout le clergé inférieur. Ces manifestations périodiques et, pour ainsi dire, ces explosions prévues d'une liberté turbulente n'étaient point, à l'origine, aggravées et envenimées d'intentions hostiles ou satiriques.

---

(1) Louvet dit que les enfants de chœur avaient le droit de conférer tous les bénéfices qui viendraient à vaquer le jour des Innocents. (*Hist. et Antiq.*, II, p. 298.)

(2) Les diacres faisaient leur procession à l'église Saint-Etienne; les prêtres, à l'église du faubourg Saint-Jean.

(3) Nous rappellerons les vers d'Horace (*Satires*, II, 7).

DAVUS.

*Jamdudum ausculto, et cupiens tibi dicere servus*
*Pauca, reformido.*
. . . . . . . . . . . . . . . . . . . . . . . . .

HORATIUS.

*Age, libertate Decembri,*
*Quando ita majores voluerunt, utere; narra.*

(4) *Office de la fête des fous.* (*Bull. de la Soc. Arch. de Sens*; 1851)

La parodie n'avait rien de séditieux ni de sacrilège..... On sent le respect d'habitude sous cette liberté d'occasion (1). »

Les sous-diacres faisaient leur fête le jour de la Circoncision. Elle est célèbre sous le nom de *Fête des Fous* ou *de l'Ane*. Elle commençait aussi par le chant du *Lux hodie, lux lætitiæ*, mais le dernier vers était ainsi modifié :

*Læta volunt quicumque colunt* ASINARIA *festa.*

Un âne était amené dans l'église (2) et on chantait en son honneur la fameuse prose (3) :

| | |
|---|---|
| *Orientis partibus* | Des confins de l'Orient, |
| *Adventavit asinus,* | En ces lieux arrivant, |
| *Pulcher et fortissimus,* | Un âne beau, gras, luisant, |
| *Sarcinis aptissimus.* | Portant fardeau lestement. |
| Hez! sir asne, hez! | |
| *Hic in collibus Sichem* | Sur les coteaux de Sichem |
| *Jam nutritus sub Ruben,* | Il fut nourri par Ruben, |
| *Transiit per Jordanem,* | Il passa par Jordanem, |
| *Saliit in Bethleem.* | Et sauta dans Bethléem. |
| Hez! sir asne, hez! | |
| *Saltu vincit hinnulos,* | Sa marche vive et légère |
| *Damas et capreolos,* | Effleure à peine la terre; |

(1) *Histoire de la littérature française au moyen âge*, t. I, p. 497.

(2) Il était reçu à la grand'porte par les chanoines qui l'attendaient, la bouteille et le verre à la main : *(Dominus cantor et canonici ante januas ecclesiæ clausas stent foris tenentes singuli urnas vini plenas cum cyfis vitreis)*. Pendant la cérémonie, les encensements se faisaient avec du boudin et de la saucisse *(hac die incensabitur cum boudino et saucita)*. Voir Du Cange au mot *Kalendæ*. — Foy de Saint-Hilaire dit qu'il en était de même à la fête des Innocents, et s'étonne que Louvet ne l'ait pas mentionné. « Un parfum si rare méritait bien, ce me semble, de ne pas être oublié. » *Lettre à M. de Francastel*. — Toutes ces fêtes se terminaient, du reste, par un joyeux festin, et il est probable que l'on servait dans tous du *boudino et saucita*.

(3) Nous mettons en regard une ancienne traduction française publiée par Leber (*Recueil des meilleurs mémoires et dissertations relatifs à l'Histoire de France*, t. IX, p. 368).

| | |
|---|---|
| *Super dromedarios* | Il vaincrait dans la carrière |
| *Velox Madianeos.* | La biche et le dromadaire. |
| Hez! sir asne, hez! | |
| *Aurum de Arabia* | Des trésors de l'Arabie, |
| *Thus et myrrham de Saba* | Des parfums d'Ethiopie. |
| *Tulit in ecclesia* | L'église s'est enrichie |
| *Virtus asinaria.* | Par la vertu d'ânerie. |
| Hez! sir asne, hez! | |
| *Dum trahit vehicula,* | Sous le faix le plus pesant, |
| *Multa cum sarcinula,* | Jamais il n'est mécontent, |
| *Illius mandibula* | Et broye patiemment |
| *Dura terit pabula.* | Le plus grossier aliment. |
| Hez! sir asne, hez! | |
| *Cum aristis hordeum* | D'un chardon il fait ripaille, |
| *Comedit et carduum:* | Et c'est en vain qu'on le raille; |
| *Triticum a palea* | Si dans la grange il travaille, |
| *Segregat in area* | Il démêle et grain et paille. |
| Hez! sir asne, hez! | |
| *Amen dicas, asine,* | Bel âne, répète *amen*, |
| *Jam satur de gramine,* | Maintenant ta panse est pleine: |
| *Amen, amen itera,* | Bel âne, répète *amen*, |
| *Aspernare vetera.* | Ne songe plus à ta peine. |
| Hez! sir asne, hez! | |

Nous avons dit que la figuration du drame de Daniel comportait plusieurs lions. Ils étaient évidemment représentés par des acteurs couverts de peaux de bêtes. L'âne était-il aussi représenté par un clerc? Louvet le pense, et pour donner plus de poids à sa conjecture il lit différemment le dernier vers de chaque strophe (1) :

« Il semble qu'il faut en cette ode *Silenus es*, au lieu de *sir asnes;* ce qui le fait présumer est que les poëtes font *Silenus* avoir été tellement camus, contrefait et difforme, qu'il aurait donné lieu au proverbe d'appeler *Silena* une fille laide et camuse. Ils le font aussi nourrissier et pédagogue de Bacchus et grand yvrongne dont parle Virgile en sa sixième églogue :

> *Silenum pueri somno videre jacentem,*
> *Inflatum hesterno venas, ut semper, Iaccho.*

(1) *Hist. et Antiq. du diocèse de Beauvais*, II, p. 301.

Et d'autant qu'il avoit accoustumé d'estre tousjours porté par un asne, cella peut avoir donné subjet en dérision d'appeler *Silenus* celluy la qui contrefaisoit ainsi l'asne. »

Cette explication est inadmissible (1). Le dernier vers de chaque strophe est bien un vers français, et l'âne amené dans la cathédrale était un âne véritable.

Après l'*Orientis partibus*, on chantait de nombreuses hymnes pour célébrer la naissance du divin Sauveur et des litanies pour le Souverain-Pontife, l'Evèque et le Roi. La musique de ces divers morceaux est très remarquable ; la prose de l'âne surtout a remporté les éloges de tous les critiques (2). M. Félix Clément l'a fait exécuter dans un concert, au collège Stanislas, le 29 avril 1847. Didron rend ainsi compte de la représentation : « ......Ce chant, si simple et même si étrange pour nos oreilles du XIXe siècle, a été reçu avec faveur, avec enthousiasme par tous les auditeurs. Des divers morceaux de musique vocale et instrumentale qui composaient ce concert, morceaux empruntés aux maîtres modernes et contemporains, ce chant du XIIIe siècle a été l'un des plus applaudis. Cette tentative hardie de M. F. Clément de faire exécuter, par des bouches et des instruments modernes, une musique aussi surannée, aussi *ridicule*, cette provocation audacieuse au retour du plain-chant gothique, ont eu un plein succès. Non seulement on n'a pas haussé les épaules, ni sifflé, ni ri au *hez! sir asne, hez!* qui vient en refrain au

(1) « Il s'est imaginé que le dernier vers de chaque strophe était latin, comme les autres, et qu'on devait lire *Silenus es*, au lieu qu'il est français et que *hez*, *hez*, *hez* est une exclamation de joie dont on régale Monsieur l'asne. C'est ainsi qu'un disciple d'Aballard, si je ne me trompe, ayant fait contre saint Bernard une prose latine comme celle-ci, en finit toutes les strophes par ce vers français : *Tort avez vos li maistre.* » Foy de Saint-Hilaire : *Lettre à M. de Francastel.*

(2) « Cette mélodie passe avec raison pour une des plus heureuses que nous ait léguées le moyen âge. » G. Chouquet : *Histoire de la musique dramatique en France*, p. 14. — Au double point de vue du caractère religieux et de la beauté esthétique, il nous paraît très difficile, sinon impossible, de trouver dans la musique moderne, prétendue religieuse, un morceau empreint à un plus haut degré de mélodieuse puissance et de majestueuse gravité. » F. Clément : *Annales archéologiques*, t. VII, p. 24.

bout de chaque strophe, mais on a vivement et cordialement applaudi..... L'épreuve a donc été décisive; on a porté en triomphe la mélodie gothique..... On va l'apprendre et la chanter par cœur; on va la jouer sur le violon et les instruments usuels; on la répétera dans les familles, etc., etc. (1). »

La fête de *l'Ane* était célébrée dans un grand nombre d'églises, mais chaque ville avait son office particulier. A Sens, la cérémonie était, à peu de chose près, la même qu'à Beauvais (2).

Le manuscrit conservé à la bibliothèque municipale de Sens, manuscrit doublement intéressant (3), a été exécuté sous l'épiscopat de Pierre de Corbeil (1200-1222). Il est donc un peu plus ancien que celui de Beauvais (4), qui, contenant une prose à

---

(1) *Annales archéologiques*, t. VII, p. 16. — M. F. Clément a fait aussi exécuter plusieurs autres parties de l'office de la fête de l'âne. « Ces morceaux composés sur une mélodie retentissante et énergiquement rythmée ont été chantés par la belle voix de Roger sous les voûtes de la Sainte-Chapelle, de Saint-Etienne du Mont et de Saint-Roch. » *Illustration* du 2 novembre 1850.

(2) La prose de l'âne est la même dans les deux manuscrits. Mais dans le manuscrit de Beauvais elle est précédée de ces mots : *Conductus asini cum adducitur*, tandis qu'on lit dans celui de Sens : *Conductus ad tabulam*. M. Aimé Cherest en a conclu que, dans cette ville, l'âne n'entrait pas dans l'église (*Nouvelles recherches sur la fête des Innocents et la fête des Fous*; Auxerre, 1853). M. F. Bourquelot combat cette opinion et admet la présence de l'âne.

(3) Les deux plaques d'ivoire d'un diptyque consulaire forment les plats de la reliure. Elles ont été publiées et décrites par Millin (*Monuments inédits*, t. II), par Duchalais (*Bull. de la Soc. Arch. de Sens*; 1854), et tout récemment par M. A. de Montaiglon (*Gazette des Beaux-Arts*; janvier 1880). Le texte a été publié en entier par M. F. Bourquelot dans le *Bull. de la Soc. Arch. de Sens*; 1854.

(4) Le manuscrit de l'*Office de la Circoncision de Beauvais* appartient aujourd'hui, ainsi que le manuscrit du drame de *Daniel*, à M. Pacchiarotti, de Padoue. Les *Annales archéologiques* en donnent la description ainsi qu'un calque du texte et de la notation de la prose de l'âne (t. XVI). Une copie moderne est conservée à la Bibliothèque Nationale parmi les manuscrits de dom Grenier. Elle a été publiée en partie par M. F. Bour-

la verge d'Aaron, donnée au trésor de la cathédrale en 1233, et des prières pour le pape Grégoire IX, mort en 1241, n'a pu être écrit qu'entre ces deux dates.

Mais Louvet, dans les quelques pages qu'il a consacrées à la fête de l'âne, en parlant des prières pour le Souverain-Pontife, l'Evêque et le Roi, cite les noms d'Alexandre III, de Henri de France et de Louis VII, qui nous reportent de 1159 à 1160. Le manuscrit qu'il avait sous les yeux est donc plus ancien que celui de Sens. On voit que Pierre de Corbeil n'est pas, comme on le dit généralement, l'auteur de l'*Office de la Circoncision;* il n'a que le mérite d'éditeur et de correcteur. Comme le drame de *Daniel*, les nombreuses hymnes de la fête de l'âne ont été probablement composées, paroles et musique, par les clercs de notre ville (1).

Les écrivains des deux derniers siècles ont vu dans la fête de l'âne une farce ridicule, indécente, compromettant gravement la religion et l'Eglise. Aujourd'hui on veut, au contraire, l'expliquer en s'appuyant sur le symbolisme chrétien. M. Félix Clément, qui a consacré à cette question plusieurs articles (2), arrive à cette étrange conclusion : « Le doute n'est pas possible... Cet âne est le symbole de Jésus-Christ... Venu de l'Orient (*Orientis partibus*)... beau et fort (*pulcher et fortissimus*)... il est méprisé pendant sa vie (*trahit vehicula*). . il se charge du fardeau de nos péchés (*multa cum sarcinula)*... etc., etc.... Le refrain joyeux *hez, sir asne, hez*, veut dire : Venez, divin Messie! »

M. Gustave Desjardins, après avoir reconnu que la fête de l'âne était « une cérémonie avant tout joyeuse, » ajoute : « Mais, en l'étudiant de près, on ne tarde pas à se convaincre que cette

---

quelot (*Bull. de la Soc. Arch. de Sens*, 1851). Deux autres copies se trouvent aussi dans la bibliothèque de M. Borel de Brétizel.

(1) La musique est la même dans les manuscrits de Beauvais et de Sens. M. F. Bourquelot, en signalant la différence des deux manuscrits, dit en parlant des morceaux particuliers à l'office de Beauvais : « On y trouve des images gracieuses, des formes rythmiques originales, et *une insistance très marquée sur le fait matériel de la conception du Christ.* »

(2) *Annales archéologiques*, t. XV et XVI.

apparente folie était l'enveloppe d'une sérieuse pensée. » Par de nombreuses citations des Pères de l'Eglise, il établit que l'âne était universellement considéré comme le type de la Gentilité, infidèle d'abord, puis convertie. « Devenus chrétiens, les Gentils comparèrent les joies célestes de Noël avec ces fêtes criminelles que, païens, ils avaient jadis célébrées dans le même temps, et amenant à l'église la vivante figure de leur égarement et de leur retour, ils venaient jubiler dans le Seigneur. Voilà pourquoi, après la prose de l'âne, on lisait les paroles d'Isaïe qui annoncent la conversion des nations; voilà pourquoi on invitait ensuite tous les peuples à venir adorer le Verbe nouveau-né (1).

Les pages éloquentes du savant historien de la cathédrale ne nous ont point convaincu. Comme les fêtes dont nous avons parlé plus haut, la fête de l'âne n'était, croyons-nous, qu'une cérémonie joyeuse, un souvenir de la liberté de décembre et des anciennes saturnales. Il ne faut pas être plus sévère pour elle que pour les fêtes du *Deposuit;* mais n'est-ce pas aller un peu loin que d'y trouver une « sérieuse pensée. » Nous sommes dans le temps de Noël, et, pour nous, l'âne est amené dans l'église parce que, suivant la tradition, il assistait dans l'étable de Bethléem à la naissance du divin Sauveur. Il entre aussi dans Saint-Etienne quelques jours après parce qu'il joue un rôle dans la *Fuite en Egypte,* et les mêmes chants joyeux saluent sa présence (2).

On confond presque toujours les deux cérémonies.

Le 14 janvier, on choisissait une jeune fille, la plus belle de la Ville; on la mettait sur un âne avec un petit enfant dans les bras. La vierge et sa monture, richement ornée, partaient de la cathédrale pour se rendre à l'église paroissiale de Saint-Etienne, accompagnées du clergé et du peuple. Arrivé à l'église, l'âne était conduit au sanctuaire et placé à côté de l'évangile, tout près de l'autel. On commençait la messe solennelle; l'*Introït,* le *Kyrie,* le *Gloria,* le *Credo,* etc., finissaient par le refrain *Hinham.*

---

(1) *Histoire de la cathédrale,* p. 131.

(2) Si l'âne entre encore dans la cathédrale de Rouen, c'est comme monture de Balaam. Voir Du Cange, v° *Festum asinorum.*

L'*Orientis partibus* était chanté, augmenté de ces deux couplets (1) :

| | |
|---|---|
| *Lentus erat pedibus* | Il ne marchait d'un pas rapide |
| *Nisi foret baculus* | Qu'avec le secours du bâton |
| *Et eum in clunibus* | Et quand dans sa croupe timide |
| *Pungeret aculeus.* | Se trémoussait un aiguillon. |
| *Ecce magnis auribus* | Coiffé de ses longues oreilles, |
| *Subjugalis filius* | Voici le fils du porte-bât; |
| *Asinus egregius* | C'est la merveille des merveilles, |
| *Asinorum dominus.* | Des ânes c'est le potentat. |

Après chaque couplet, le vers français *hez, sir asne, hez,* était remplacé par ce refrain :

Hez, sir asne, car chantez,
Belle bouche rechignez,
Vous aurez du foin assez
Et de l'avoine à plantez.

Lorsqu'on chantait le dernier couplet, on fléchissait le genou au premier vers *Amen dicas, asine.* Le dernier refrain était aussi ainsi modifié :

Hez va! hez va! hez va hez!
Bialx sir asne, car allez;
Belle bouche, car chantez.

A la fin de la messe, le prêtre, au lieu de chanter l'*Ite missa est*, hennissait trois fois, et les assistants répondaient : *hinham, hinham, hinham* (2).

Dom Carpentier, qui nous fournit ces renseignements (3), les a puisés dans un manuscrit, ainsi désigné au n° 76 de l'*Inven-*

---

(1) La traduction française qui est en regard est de l'abbé Corblet (*Mém. de la Soc. des Antiq. de Picardie*, t. IV, p. 424). *Lentus erat pedibus* se chantait comme second couplet; *Ecce magnis auribus* comme quatrième.

(2) « *In fine missæ sacerdos, versus ad populum, vice* Ite missa est *ter hihinnabit; populus vero, vice* Deo gratias, *ter respondebit* hinham, hinham, hinham. »

(3) Supplément au Glossaire de Du Cange, au mot *Festum asinorum.* Dom Grenier n'a fait que traduire l'article de dom Carpentier.

*taire du trésor de la cathédrale* : « *Item*, ung petit volume entre deux ais, sans cuir, l'ung d'iceulx ais rompu à demy, contenant plusieurs proses, antiennes et commencements de messes avec oraison, commençant au deuxième feuillet *Belle bouche*, et au pénultième *Coopertum stola candida* (1). »

Nous ignorons ce qu'est devenu ce manuscrit. Peut-être a-t-il eu le sort de celui que possédait Saint-Etienne et dont parle Foy de Saint Hilaire : « Voici ce que j'ai ouï dire à feu mon père qui avait vu la messe entière de l'âne que l'on conservait dans l'église de Saint-Etienne notre paroisse, et dont s'empara un clerc du curé qui, ayant appris assez de latin pour être prêtre et ensuite curé dans le diocèse, la brûla cruellement par un scrupule de conscience. Il s'appelait Davennes et je l'ai connu dans mon enfance (2). »

La musique du drame de *Daniel* — celle de l'*Office de la Circoncision* est aussi probablement l'œuvre des clercs de la cathédrale — donne une très haute idée de l'école de Beauvais. Elle devait conserver longtemps sa supériorité. A la fin du XVe siècle, la maîtrise était en telle réputation que la cour lui demandait des voix pour la chapelle du palais (3). Une épitaphe, publiée par M. Desjardins, fait un éloge pompeux de l'un des professeurs, maître Nicole Des Celliers de Hesdin, mort en 1538 :

*Atropos, heu! nimium musis inimica sonoris,*
*Dum vitam Hisdino præripuisse putat,*
*Fallitur. Innumeras proprio qui marte camœnas*
*Edidit, hic vivus mille per ora canit.*
*Vivit et in natis, genuit quos ille docendo,*
*Per quos ore hominum tempus in omne sonat.*

« Atropos, hélas! trop cruelle ennemie des muses sonores, si tu penses avoir enlevé la vie à Hesdin, tu te trompes. Hesdin,

---

(1) Inventaire dressé en 1464 (manuscrit de la bibliothèque Borel de Brétizel) publié par M. Desjardins.

(2) *Lettre* à M. de Francastel.

(3) « Le chapitre consentit à en céder plusieurs, mais à la condition que la famille royale lui viendrait en aide pour bâtir la cathédrale. » Delettre : *Hist. du dioc. de Beauvais*, III, p. 142.

dont le génie a produit tant de mélodies, vit et chante par mille voix. Il vit dans ses élèves que son enseignement a engendrés pour l'art; son nom, par eux, volant de bouche en bouche, retentira éternellement (1). »

Ce fut la maîtrise qui donna les premières leçons aux Beauvaisins Etienne Le Roy et Eustache Du Caurroy (2).

Etienne Le Roy devint maître des enfants et chantres de la chapelle de Charles IX. « Le roy Charles, dit Brantôme, oyoit fort attentivement la messe; et se levoit bien souvent, et s'en alloit chanter, à l'imitation du feu roy Henry son père qui en faisoit de mesmes, au lettrier (au lutrin) avecques ses chantres, et se mettoit parmy eux et chantoit sa taille et le dessus fort bien, et aymoit fort ses chantres, et surtout Estienne Le Roy, dit M. de Sainct-Laurens, qui avoit une très belle voix. »

Eustache Du Caurroy fut maître de chapelle de Henri III et de Henri IV. Il est l'auteur de l'air *Charmante Gabrielle*, faussement attribué à Henri IV, et de la *Missa pro defunctis* chantée jusqu'au XVIIIe siècle aux obsèques des rois de France. « Il se jouait si heureusement et dextrement de sa voix, dit Loisel (3), qu'en chantant luy seul deux ou plusieurs parties, il se rendoit admirable et comparable à celuy duquel Jean Moulinet escrit ainsi :

J'ay veu comme il me semble
Un fort homme d'honneur
Luy seul chanter ensemble
Et dessus et teneur. »

En 1560, le chapitre décida que l'organiste apprendrait à toucher de l'orgue aux enfants de chœur qui montreraient des dispositions. Nous le voyons aussi faire soutenir les voix non seu-

---

(1) *Histoire de la cathédrale*, p. 120.

(2) Tous les dictionnaires biographiques font naître ce dernier à Gerberoy, mais G. Hermant cite un acte qui nous apprend qu'Eustache Du Caurroy était né à Beauvais le 5 février 1510, et qu'il était fils de Claude Du Caurroy, procureur du roi en l'élection de Beauvais, et prévôt de Milly, et d'Hélène De Ville *(Hist. mss. de Beauvais)*.

(3) *Mémoires du Beauvaisis*, p. 230.

lement par l'orgue, mais encore par d'autres instruments (1).

Ces mesures ne paraissent pas avoir été du goût de tous. En 1561, au concile provincial de Reims, Jean Lebesgue, chanoine de notre ville, dit « que la musique de l'Eglise avait besoin d'une grande réformation et qu'il ne pouvait pas ne point être choqué de ce que la Passion de Notre-Seigneur se chantait avec une espèce de musique dans l'église de Beauvais. »

Cet homme, assurément, n'aimait pas la musique.

Jean Hariel, son collègue, fut de son avis. « Le métropolitain, réunissant les suffrages, conclut qu'il ne fallait pas rien souffrir dans les notes de musique qui en fit perdre le sens et l'intelligence (2). »

Il ne fut pas tenu grand compte de cette décision. En 1573, le doyen, Claude Gouyne, fondait pour tous les jeudis de l'année, en l'honneur de l'Ascension du divin Sauveur, une messe qui devait être chantée par la maîtrise (3).

Jusqu'à la Révolution, le chapitre voulut avoir un excellent maître de chapelle et des voix exercées. Thomas-Claude Roulleau, nommé symphoniarque de la cathédrale vers 1731, « était un homme d'un grand talent, excellent musicien, habile compositeur; il écrivait avec une très grande facilité, mais ne revoyait jamais ce qu'il avait jeté sur le papier. Les pièces de chant de sa composition, qu'il a semées çà et là dans le Graduel et les Antiphonaires, portent un caractère particulier d'originalité qui les fait facilement distinguer (4). »

Quand les églises furent rouvertes au culte, on choisit pour organiste un artiste des plus distingués. Le *Journal de l'Oise* du 18 nivôse an IX nous apprend qu'il sût reproduire sur son instrument tous les détails de l'attentat de la rue Saint-Nicaise. « Un

(1) « Les registres capitulaires mentionnent, outre l'organiste, plusieurs musiciens qui recevaient 80 livres par an et la nourriture. » Délibération du 23 juillet 1560 (*Hist. de la cathédrale*, p. 121).

(2) G. Hermant : *Hist. mss. de Beauvais.* — Voir aussi dom Marlot : *Hist. de Reims*, t. IV, p. 372.

(3) Louvet : *Hist. et Antiq. du dioc. de Beauvais*, II, p. 653.

(4) Delettre : *Hist du dioc. de Beauvais*, I, p. 75.

*Te Deum* chanté dans la ci-devant cathédrale de Beauvais a marqué par le talent d'un organiste. Un début simple, noble, brillant, a montré l'état de la France avant le 3 nivôse. La marche d'une voiture et des gardes qui l'accompagnent s'est fait entendre..... affreuse détonation,..... silence effrayant. Enfin des chants harmonieux, consolateurs, descendent du ciel, rendent aux esprits le calme et l'espérance (1). »

## II

## PRÉVILLE A BEAUVAIS.

Préville et sa femme prirent leur retraite en 1786 et vinrent se fixer à Senlis, carrefour des Egyptiennes. Entourés de l'estime et de la considération générale, ils étaient reçus dans tous les châteaux des environs; le prince de Condé les honorait d'une bienveillance particulière et les invitait souvent à Chantilly. Préville fut un des fondateurs de la *Société Philanthropique* de Senlis et membre du *Comité Permanent*, conseil composé de douze notables citoyens, établi à la maison commune, le 20 juillet 1789, « pour aider à garantir la ville des incursions des bandits échappés de Paris (2). » D'après les *Mémoires* de Fleury, il faudrait ajouter le nom du grand comédien à la liste, déjà si longue, des victimes de l'attentat de Billon.

Le dimanche 13 décembre 1789, tous les Corps de la ville se rendaient en cérémonie à la cathédrale pour assister à la bénédiction des drapeaux de la milice. Au moment où le cortège montait la rue de Paris, deux détonations se faisaient entendre, un tambour et un chevalier de l'Arquebuse tombaient grièvement blessés. Les coups étaient partis de la maison d'un horloger, nommé Billon, récemment chassé de la compagnie de l'Arque-

(1) Le numéro précédent contenait la note suivante, signée du préfet Cambry : « Une machine infernale, dirigée contre le premier consul, vient d'arracher la vie à des femmes, à des enfants. BONAPARTE, guidé par sa fortune, échappe à tous les complots : les ruses de l'enfer ne prévaudront pas contre lui; et l'heure de la justice approche! »

(2) L'abbé Müller : *Monographie des rues de Senlis.*

buse (1). Pendant qu'on enfonce la porte, solidement barricadée, de nouveaux coups de feu font de nouvelles victimes. On pénètre enfin dans la demeure de l'assassin : il met le feu à une mine et fait sauter la maison qui ensevelit, sous ses débris, tous ceux qui s'y trouvent (2). Cet épouvantable forfait coûta la vie à vingt-six personnes; quarante furent blessées plus ou moins grièvement. Le corps de Billon, trouvé un des premiers, était pendu le lendemain, par sentence du bailliage, aux fourches patibulaires :

Que jamais nul mortel n'élève de maison
Sur le lieu qu'habita le scélérat Billon !
Si de Senlis un jour on raconte l'histoire,
Lui seul fut un coquin d'exécrable mémoire !
Le diable en son courroux fit ce monstre infernal,
L'enfer l'avait vomi pour nous faire du mal.
Voyant ce lieu d'horreur, passant, frémis et tremble :
Que pour maudire Billon, l'univers se rassemble (3) !

Préville, « au commencement de l'action, se trouvait exactement en face de la maison et essuya le premier coup de feu, mais sans être atteint; seulement il ressentit à l'œil gauche une

---

(1) Billon avait longuement prémédité son atroce vengeance. On lit dans son testament : « Si jamais il existe une épitaphe pour moi, je vous prie d'y faire graver les mots ci-dessous : Ici repose le corps de Louis-Michel-Rieul BILLON, horloger, qui fut fou de son état et non de sa femme; il n'aime pas la vie et ce n'est pas bien étonnant; il quitte sans regret les hommes, ce sont des monstres qui ne peuvent plus entendre la vérité et qui ne connaissent que la loi du plus fort. Je succombe sous cette loi, mais j'espère me venger et apprendre aux hommes par ma mort à être plus sages dans leurs délibérations..... »

(2) « La force de la commotion fit détacher de la voûte de la cathédrale, située à plus de cent toises, une pierre considérable qui tomba au milieu d'un grand nombre de citoyens déjà rassemblés pour la cérémonie, sans que personne heureusement fût blessé. Soixante-six maisons de la ville éprouvèrent des dommages plus ou moins grands; celle du sieur Letellier, l'une des plus voisines de Billon, s'écroula tout d'un coup et écrasa la mère de ce particulier..... » *Précis historique* de l'attentat de Billon; Senlis, 1790.

(3) *Affiches-annonces* de Senlis, 1789.

forte commotion suivie d'une vive douleur; il y porta la main, elle ne se teignit pas de sang; on ne découvrit nulle trace extérieure d'une lésion quelconque, et pourtant l'œil n'y voyait plus. Les médecins appelés dirent qu'une balle avait frôlé la pupille et paralysé le nerf optique : quoiqu'il en soit de cette explication, Préville, resté borgne, eut à se féliciter d'avoir échappé, dans cette affreuse bagarre, à la mort qu'il vit de si près ce jour-là (1). »

Dès les premiers temps de la Révolution, un décret de l'Assemblée nationale accorda aux comédiens tous les droits civils et politiques dont ils avaient été privés jusque-là. Le 14 juillet 1790, lors de la représentation de *Momus aux Champs-Elysées*, la salle entière salua de ses applaudissements ce vers adressé à Lekain :

S'il eut vécu plus tard, il mourait citoyen !

Mais cette satisfaction morale n'enrichissait pas les Comédiens Français, qui, voyant les spectateurs devenir de plus en plus rares et ne sachant quoi tenter pour les retenir, supplièrent Préville de reparaître sur la scène. Il fit sa rentrée, le 26 novembre 1791, dans la *Partie de chasse de Henri IV*, et joua successivement les principaux rôles qui avaient fait sa réputation. « La foule, qui se porta à ses représentations, retrouva dans son jeu la même verve, la même force comique. »

Dans le courant de 1792, Préville et sa femme — elle avait voulu reparaître sur la scène avec son mari — dirent adieu à leurs camarades et vinrent se reposer de leurs fatigues à Bresles, dans l'ancien château des évêques-comtes de Beauvais, devenu la propriété de leur gendre, M. Guesdon (2).

Les événements politiques avaient profondément divisé la

(1) *Mémoires* de Fleury, t. II, p. 121.

(2) Le château fut vendu, le 20 juillet 1791, moyennant la somme de 360,100 livres à Michel Balon, d'Hémévillers. Il fut bientôt à revendre à la folle-enchère, faute par ledit Balon d'avoir satisfait au paiement des 12, 20 et 30 pour cent du prix de l'adjudication. Le mercredi 16 novembre 1791, au quarante et unième feu, la dernière enchère fut mise à 303,100 livres par Thomas-Amable Provot, maître de la poste aux chevaux à Bresles, qui déclara nommer command François Guédon,

Comédie Française. Talma, Dugazon et quelques autres quittèrent leurs camarades et entrèrent au théâtre du Palais-Royal, qui changea son nom contre celui de Théâtre-Français de la rue Richelieu. Ils ouvrirent la lutte contre le Théâtre-Français du faubourg Saint-Germain (1), en jouant des pièces révolutionnaires. Les Comédiens-Français relèvent le défi et, le 3 janvier 1793, représentent l'*Ami des Lois*, cruelle satire des Jacobins. Le succès fut immense, mais la perte du théâtre fut décidée.

Six mois après, la représentation de *Paméla* ou *la Vertu récompensée*, de François de Neufchâteau, fournit aux Jacobins le prétexte qu'ils cherchaient. Ils crièrent que cette comédie « tendait à faire regretter les privilèges de la noblesse. » L'auteur remania complètement sa pièce, qui fut reprise le 2 septembre 1793. A ce passage

> Chacun prie à son gré : les amis, les parents
> Suivent, sans disputer, des cultes différents,
> . . . . . . . . . . . . . . . . . . . . . . . . .
> Eh! qu'importe qu'on soit protestant ou papiste!
> Ce n'est pas dans les mots que la vertu consiste,
> Pour la morale au fond votre culte est le mien;
> Cette morale est tout et le dogme n'est rien.
> Ah! les persécuteurs sont les seuls condamnables,
> Et les plus tolérants sont les plus raisonnables.

un patriote s'écria : « Vous répétez des vers qu'on a retranchés

---

commis par le roi aux exercices de M. de Serilly, ancien trésorier-général de la guerre, demeurant à Paris, rue Garancière, paroisse Saint-Sulpice. — Archives de l'Oise : *Vente des biens nationaux*.

(1) En quittant l'hôtel de Bourgogne, « les *comédiens ordinaires du roi* s'établirent dans le jeu de paume de l'Etoile, rue des Fossés-Saint-Germain-des-Prés (aujourd'hui rue de l'Ancienne-Comédie). Ils y demeurèrent jusqu'en 1770, où la vétusté des bâtiments les força d'aller jouer sur le théâtre des Machines, au palais des Tuileries, jusqu'à l'achèvement d'un théâtre qu'ils faisaient construire sur les terrains de l'hôtel de Condé. Ouvert en 1783, sous le titre de *Théâtre-Français*, et devenu *Théâtre de la Nation* en 1790, ce théâtre prit, en 1797, la dénomination d'*Odéon* qu'il a toujours gardée. Un incendie, qui le détruisit en 1799, força les comédiens à s'installer au Palais-Royal, où ils sont encore actuellement. » — Lalanne : *Dictionnaire historique*.

et qui sont défendus. La pièce est contre-révolutionnaire ! »

Le lendemain, Barrère dénonçait ces faits à la Convention ; et, dans la nuit, toute la troupe était incarcérée (1).

« La tête de la Comédie-Française sera guillotinée et le reste déporté !..... » avait dit Collot d'Herbois. Cette atroce prédiction se serait réalisée sans le dévouement d'un ancien acteur, Charles de La Bussière, employé du Comité de Salut public, qui fit disparaître, au péril de sa vie, les dossiers des Comédiens-Français et retarda ainsi la comparution de ses camarades devant le tribunal révolutionnaire (2).

Le 9 thermidor (27 juillet 1794) rendit la liberté aux comédiens, qui firent « leur rentrée solennelle et triomphale, » le samedi 16 août, par la *Métromanie* et les *Fausses Confidences*. Préville venait de perdre sa femme (3). Pour faire diversion à sa douleur et pour rendre encore service à ses camarades, il voulut, malgré ses soixante-quatorze ans, remonter sur les planches. Ses facultés physiques commençaient à s'affaiblir. Le 11 février 1795, pendant qu'il jouait dans le *Mercure galant*, aux applaudissements de la salle entière, il eut un accès d'aliénation mentale, mais parvint cependant à achever la pièce. En sortant de scène, il tomba dans les bras de son neveu Champville : « C'est fini, dit-il, je ne jouerai plus la comédie ! »

M^me^ Guesdon — son mari avait été nommé payeur-général du département de l'Oise — habitait depuis quelque temps Beauvais, rue des Trois-Lanternes, n° 1131 (12, rue du Lion-Rampant). Préville fut conduit chez sa fille, qui l'entoura des soins les plus dévoués. A la fin de l'année il eut une dernière joie : il était nommé membre de l'Institut. La Convention avait voulu pro-

(1) On envoya aux Madelonnettes Dazincourt, Fleury, Bellemont, Vanhove, Florence, Saint-Fal, Saint-Prix, Naudet, Dumont, Champville (neveu de Préville), Dupont, La Rochelle, Narsy, Gérard, Alexandre Duval ; et à Sainte-Pélagie M^mes^ Raucourt, Contat, Thénard, Joly, Devienne, Suin, La Chassaigne, Petit, Fleury, Mezeray, Montgautier, Ribou et Lange.

(2) Welschinger : *Le théâtre de la Révolution*. — *Mémoires* de Fleury.

(3) Madeleine-Michelle-Angélique Drouin, née au Mans le 17 mars 1731, morte à Senlis le 7 mai 1794.

tester contre une prévention encore trop répandue aujourd'hui, en plaçant, comme disait Daunou, à côté de l'artiste et du poète, « l'acteur célèbre qui recrée les chefs-d'œuvre du théâtre en leur donnant l'âme, du geste, du regard et de la voix, et qui achève ainsi Corneille et Voltaire (1). »

Le grand comédien, dont la vue avait beaucoup baissé depuis l'attentat de Billon, devint bientôt complètement aveugle. La folie envahit aussi tout à fait son cerveau. En proie à de terribles hallucinations, il se croyait condamné à mort par le tribunal révolutionnaire et attendait à chaque instant la fatale charrette qui devait le conduire à l'échafaud. Une scène dramatique, que, dans sa tendresse filiale, Mme Guesdon eut l'idée et le courage d'organiser au château de Bresles, rendit la raison au malheureux vieillard (2), et ses dernières années s'écoulèrent paisiblement.

Préville mourut à Beauvais, chez sa fille, le 18 décembre 1799 (3). Le premier préfet de l'Oise était nommé l'année suivante. Passionné pour les arts et la littérature, plein d'ardeur et d'enthousiasme, le citoyen Jacques Cambry avait toujours en tête quelque nouveau projet. Le 14 juillet, il posait, sur la place de l'Hôtel-

---

(1) E. Despois : *Le Vandalisme révolutionnaire*, p. 150. — Préville, qui ne pouvait pas quitter Beauvais, fut remplacé la même année par Grandmesnil et nommé associé non résidant. Son fauteuil a été occupé depuis, par Berton (1816), Adolphe Adam (1844), Berlioz (1856), Félicien David (1869).

(2) Voir Pièces justificatives, XV.

(3) Voici l'acte de décès que nous avons relevé dans le Registre de l'état civil : « Le vingt-sept frimaire de l'an VIII de la République française, à une heure de relevée, Jean-Auguste Bouret, âgé de trente-deux ans, employé chez le payeur du département de l'Oise, domicilié à Beauvais, rue du Lion-Rampant, section de l'Orient, et Michel-Savinien César, employé au même bureau, âgé de trente-neuf ans, domicilié rue Bossuet, susdite section de l'Orient, ont déclaré à moi Jean-Baptiste-Gabriel Michel-Ticquet, officier de l'état civil de Beauvais, que Pierre-Louis Dubus, dit *Préville*, rentier, âgé de soixante-dix-huit ans et trois mois, veuf de Angélique-Michelle Drouin, demeurant à Beauvais, susdite rue du Lion-Rampant, chez le citoyen Guesdon, payeur-général du département de l'Oise, son gendre, y est décédé cejourd'hui, à dix heures. en sa maison..... »

de-Ville, la première pierre d'une colonne destinée à recevoir les noms des *Braves* du département morts à l'armée; le 2 août, il posait, dans la cour de la préfecture, la première pierre d'une colonne dédiée à l'*Amitié* des Grands Hommes. Le 20 novembre, il écrivait au ministre de l'intérieur pour demander que les cendres de Voltaire et de Rousseau fussent rendues au département : « ..... Rousseau n'est plus dans l'île des Peupliers, malgré son vœu très prononcé d'être enterré dans ce lieu solitaire..... Je demande, au nom du citoyen Girardin, des habitants d'Ermenonville, de tous les amis de la philosophie, de tout être soumis à la religion des tombeaux, qu'on rende les cendres de Jean-Jacques à l'asile qu'il avait choisi. Je sollicite une loi qui l'arrache au Panthéon déshonoré..... et qui restitue les dépouilles de Voltaire à son amie, à sa fille adoptive, *Belle et Bonne*, qui possède et révère son cœur dans les beaux jardins de Villette (1). »

Cambry voulut aussi élever un monument à la mémoire de Préville. Il obtint le concours de la municipalité et demanda celui du conseil général, qui prit la délibération suivante :

Un membre a rendu compte de l'hommage public que le préfet et la ville de Beauvais se proposaient de rendre à l'illustre Préville, cet homme si distingué qui a honoré longtemps la scène française par ses talents et non moins connu par ses qualités personnelles; il a témoigné le désir que les membres du conseil voulussent bien contribuer aux frais d'un monument qui doit être élevé en l'honneur d'un citoyen recommandable à tant de titres et dont les restes sont déposés dans cette ville.

Quoique cet objet soit étranger aux travaux confiés au Conseil général de ce département, quoique l'habitant des campagnes n'ait pas l'idée d'un talent dont il n'a pas eu la jouissance et dont il est dans l'impuissance d'apprécier tout le mérite, le Conseil, persuadé que tous ceux des habitants de ce département qui ont joui des talents inappréciables de cet artiste étonnant s'empresseraient d'applaudir à cette preuve d'es-

---

(1) *Journal de l'Oise* du 8 frimaire an IX. — Le cœur de Voltaire était conservé dans une urne de marbre portant cette inscription :

Son esprit est partout, mais son cœur est ici.

Après la mort du dernier marquis de Villette, le cœur de Voltaire fut donné par les héritiers à l'Institut.

time et de reconnaissance, a cru devoir faire mention honorable dans son procès-verbal de la résolution du préfet de ce département et des citoyens de Beauvais; et chacun des membres de l'assemblée s'est empressé individuellement d'offrir sa souscription pour cette espèce de monument départemental, consacré à la mémoire et aux vertus du citoyen Préville (1).

Mais il fallait recueillir encore d'autres souscriptions, et Cambry lança une circulaire ainsi conçue (2) :

« AUX MANES DE PRÉVILLE.

« Le premier comédien de l'Europe, dont la réputation égale celle de *Roscius*, qui nous a fait passer de si douces heures quand il embellissait la scène française, quand il rendait avec tant de vivacité, de feu, d'esprit, de grâces, les conceptions de Molière, de Regnard, de Le Sage, de Dancourt et de Marivaux, est enterré dans le cimetière de Beauvais sans que la moindre inscription, sans qu'une pierre tombale honore la place où reposent ses cendres.

« Le Préfet de l'Oise a résolu de lui dédier un tombeau sur le bastion de la porte de Bresles : il en a fait faire les dessins par le citoyen Molinos, dont le nom rappelle de si beaux monuments. On avait le projet de raser le bastion de Bresles, en abattant les remparts qui cernent la ville et qui s'opposent à la libre circulation de l'air dans un pays bas et coupé de canaux. Le Préfet a désiré qu'il fût conservé et qu'on s'y rendit à l'aide de deux pentes douces. Il a cru que les ouvriers, fatigués des travaux du jour, avaient besoin, le soir, de respirer un air plus pur sur une hauteur salutaire. Il doit faire couvrir le bastion d'arbres choisis, de gazons, de fleurs et d'arbustes, l'entourer d'une balustrade. Il le destine aux jeux aimables de l'enfance. L'œil, de là, domine la ville et s'étend sur le vaste et pittoresque horizon qui la renferme et l'embellit.

« C'est dans ce lieu que s'élèvera le tombeau de Préville, orné

---

(1) Archives de l'Oise : *Procès-verbaux* du Conseil général, 14 thermidor 1800.

(2) Archives du Théâtre-Français (liasse Préville).

des attributs de la gaieté, de la folie, de la morale qu'il respectait et dont il a toujours été l'apôtre aimable.

« Le Conseil général du département de l'Oise a voulu se placer en tête de la souscription qui s'ouvre pour l'érection de ce monument.

« Les Maire et Adjoints de la ville de Beauvais, auxquels le plan avait été communiqué le jour de leur installation, se sont joints au Préfet pour en suivre l'exécution.

« Tous les amis des arts, des talents, les écrivains, tous les acteurs de l'Europe s'empresseront sans doute de contribuer à cet acte de reconnaissance. Ils adresseront leurs offrandes au citoyen Mauro, chef du bureau particulier du Préfet, et les feront parvenir franches de port. »

Dazincourt, qui venait de publier la *Vie* de Préville, répondit aussitôt (1) :

« Citoyen PRÉFET,

« Préville sera par vous le premier comédien justement honoré en France. Sa cendre ainsi recueillie dans un monument élevé à sa gloire, honorera également celui qui, le premier, a sçu consacrer à l'immortalité l'Artiste célèbre et l'homme vertueux, victime, ainsi que Molière, d'un préjugé ridicule. J'ai fait imprimer la *Vie* de Préville, et l'on y a lu son éloge. A la douleur d'avoir perdu ce grand modèle, se joint le regret de ne vous avoir pas dédié, comme au juste appréciateur du talent théâtral, ce faible tribut de mon admiration.

« Recevez, je vous prie, citoyen PRÉFET, l'assurance de ma respectueuse reconnaissance.

« DAZINCOURT,
« *Comédien français.* »

---

(1) Dazincourt était un excellent comédien, mais son jeu était plus sage que brillant. Il voulut un jour imiter Préville, et cet essai ne lui réussit guère. Jouant le rôle de Pasquin, dans l'*Homme à bonnes fortunes*, il inonda son mouchoir d'eau de Cologne et vint le tordre et en exprimer le contenu sur la tête du souffleur, qui fit le plongeon. Il fut sifflé. « Messieurs, dit-il, lorsque Préville jouait ce rôle, il faisait ce que je viens de faire et il était applaudi par tout ce qu'il y a de mieux en France. » — V. Fournel : *Curiosités théâtrales*, p. 190.

« *P. S.* Je souscris pour la somme de 120 livres. Les comédiens sociétaires du Théâtre-Français de la République, auxquels je me suis empressé de communiquer votre lettre, prouveront, sans doute, par leur offrande, ce qu'ils doivent de respect à la mémoire de Préville (1). »

Cambry quitta Beauvais en 1802; et la *Colonne des Braves*, la *Colonne à l'Amitié* et le *Monument départemental* de Préville ne furent jamais terminés. On lit cependant dans la *Notice* biographique, publiée en tête des *Mémoires* de Préville (2) : « Un monument fut élevé à sa mémoire par M. le préfet de l'Oise, et la France entière a applaudi à ce juste tribut d'estime et de regrets. »

---

(1) *Journal de l'Oise*, 28 fructidor an VIII.

(2) Paris, Baudouin frères, 1823.

# PIÈCES JUSTIFICATIVES.

## I

### Le fief de la Jonglerie.

#### 1°

(En 1377) (1).

Vechi le devise et denombrement des choses appartenans au fief que on dit le fief de la Jonglerie, lequel fief tient ad present Jehan de Puys, tainturier, de Reverend Pere en Dieu son très cher et redoublé seigneur, Monsieur l'Evesque de Beauvés : et lequel fief il tient par foy et par hommage d'ichellui seigneur : auquel fief a de revenues, appartenanches, libertés, franchises, les choses et en la maniere qui ensuit :

*Primes* ledit Jehan de Puis a, à la cause de sondit fief, franchise de vendre en la ville de Beauvés tous les vins creux en ses wignes et de acater trente muis dedens le Saint Martin d'yver, et tous ycheus vins vendre quant il lui plait, sans ce qu'il en paie forage.

*Item* ledit Jehan est exemps, à le cause dudit fief, de paier taille à le commune de Beauvés et de paier anvoire (2).

*Item* ledit Jehan il a le minage de tous les grains que il acate pour user en son hostel, pour lui, pour ses gens et pour ses bestes.

*Item* ledit Jehan, à cause d'ichellui fief, desloue as moulins dudit

---

(1) Bibl. Nat. : Papiers de dom Grenier, t. 158.

(2) Ce droit était dù à l'évêque par les hommes mariés *pro potestate exercendi carnalem copulationem cum uxore.* — Du Cange dit au mot *Anvoirs* : « *Tributum 28. denar. quod olim Episcopo Bellovacensi a novis conjugatis pro primo anno persolvebatur, nec non et ab iis qui in civium adscribebantur catalogum ; 14. vero denar. ab omnibus, sequentibus annis, exceptis clericis etiam conjugatis, quare plerique tonsuram clericalem una cum Confirmatione accipiebant.* » Au XVIIe siècle, Augustin Potier laissa tomber ce droit en désuétude « comme exorbitant de toute raison et *contra sacramentum matrimonii.* »

Monsieur de Beauvés, et meult trois mines a boistel sans fermage, et puet deslouer et mettre son blé entremuye apres le premier moulant (1), se il n'a autelle franchise comme lui.

*Item* ledit Jehan, à cause dudit fief, a quatre deniers sur chascune fole-femme venant et estant à Beauvés : et se elle est refusant de paier, ledit Jehan s'en puet faire paier en prenant son chaperon et loy detenir une seule fois.

*Item* ledit Jehan, à cause dudit fief, a de chascun jongleur venant et estant à Beauvez, une fois douze deniers de ceulx qui chantent en place : et, se ils sont refusant de paier, il puet prendre leur livre ou leur viole se ils l'ont, et se ils ne la ont, faire les contraindre de paier.

*Item* ledit Jehan puet donner la place et faire chanter de gestes à Beauvés, au lieu accoustumé, qui que il lui plaist, le jour de Noel, le jour de Pasques, le jour de Penthecouste et leurs feries, sans che que aultres y puist chanter, se n'est par la licence dudit Jehan.

*Item* ledit Jehan, à cause dudit fief, est tenus de faire chanter de geste ou cloitre de l'église Saint-Pierre de Beauvés, le jour de Noel, le jour de grans Pasques et le jour de Penthecouste, depuis primes lasquié jusque a tant que on commenche l'Evangile et le grant Messe, ou cas qu'il puet recouvrer de chanteur en le ville de Beauvez ou environ.

*Item* ledit Jehan est tenus de aler as assises dudict Monsieur et as jugemens, quant il lui est semons ou adjourné souffisament.

*Item* ledit Jehan est tenus, à le cause dudict fief, de servir ledit Monsieur en armes, quant il convient que ledit Monsieur serve le Roy nostre Sire en ychellui estat, et ledit Monsieur l'en fait semonre souffisament, et le doit garandir de faire autre serviche par devers le Roy.

Et se aucune chose autre estoit appartenant et appartenoit audit fief, dont pardessus ne soit fait mention, si le advoe ledit Jehan de Puys à tenir dudit Monsieur de Beauvés par le foy et hommage dessus dis.

En tesmoing de che, Jehan, dessus nommé, ay seellé chest present denombrement en devise de mon propre seel.

Fait et donné l'an de grace mil ccc soixante seize (n. st. 1377), le lundi deuxieme jour de mars.

2°

(Avant 1330).

Autrefois, le possesseur de ce fief prélevait encore un droit sur les mariages. Il prenait la robe de noces du mari « ou

---

(1) Délier le sac et mettre le blé dans la trémie avant les autres.

finance pour le rachat d'icelle, » un pot de vin, un pain et un mets de chair « ou de tel service comme on servait aux noces. » En 1330, l'évêque Jean de Marigny voulut abolir cet impôt qui était devenu une source de troubles et de procès. Il indemnisa de ses deniers Jean de Saint-Denis, possesseur du fief (1), et, « moyennant la somme de 800 livres parisis bien nombrée et bien comptée, » payée par la commune, il fit à jamais remise aux habitants de toutes redevances quelconques à payer au fief de la Jonglerie, pour cause de mariage.

Voici le texte de l'accord passé, à cet effet, entre l'évêque et les maire et pairs de Beauvais (2) :

A tous ceulx qui ces presentes lettres verront ou orront, Jehan de Marigny, par la grace de Dieu evesque de Beauvais, salut en Nostre Seigneur. Comme nous eussions achaité à Jehan de Sainct Denis et à Jehenne, sa femme, ung fief qu'ilz tenoient de nous par foy et par hommage des fiefz de Beauvais — lequel fief est appelé le fief de la Jonglerie ouquel fief li possessans d'icelli pour raison dudict fief a et avoit plurieux franchises, redevances et libertez, entre lesquelles il avoit, si comme il disoit et comme nous disions, de chacun de ceulx qui se marioient et estoient espousez à Beauvais et y demeuroient, la robe de l'homme en laquelle li espousez espousoit sa femme ou finanche pour le rachat d'icelle robe, et le jour que on faisoit se feste avoit encore ung pot de vin, ung pain et ung mes de char ou de tel serviche comme on servoit aux neuches, et aulcunes autres redevances, si comme nous et ledict possessant disions, des demourans et des habitans en ledicte ville et de tous aultres qui en icelle ville se marioient et y demouroient, — et de icelli fief ledict Jehan et sa femme de l'auctorité dudict Jehan se fussent dessaisi et nous eussent rendu ladicte foy et hommage, — et li maire, pers et grant partie des habitans de ledicte ville de Beauvais, singulieres personnes tant fiefvez, clercs comme autres, disans au contraire, est assavoir : que ils ne debvoient lesdictes redevances pour cause de mariages ne pour aultres causes, nous eussent supplié et requis que, se aulcune redevance estoit due pour faire mariages en ledicte ville pour le temps present et advenir, pour oster et eschiver les grands riots, brigues, maultalens, plaiz et dissentions qui pour ce venoient de jour en jour et

---

(1) Jean de Saint-Denis reçut de l'évêque, le 24 juin 1330, la somme de 240 livres.

(2) Archives municipales : *Cartulaire de l'Hôtel-de-Ville*. — G. Desjardins : *Hist. de la cathédrale*.

jà pendoient pardevant nostre official et en le court de Raims en cause d'appel, et pour oster les empeschemens qui pour ce venoient au faire les mariages, nous leur voulsissions delaissier, oster, remettre, quittier à tousjours icelle redevance, se aulcune en estoit deue pour cause de mariages faicts ou à faire, — sachent tous que nous, considéré et pensé en che le grand pourfit de nostredict eglise de Beauvais, pour oster les plaictz, ryos, maultalens et dissentions qui pour ce venoient de jour en jour et estoient jà meus, comme dict est, et pour mettre tranquileté et paix esdicts mariages, de l'accord et assentement du chappitre de nostre eglise de Beauvais, avons transigé, composé et accordé aveuc lesdictz maire, pers et singulieres personnes dessus dictes, tant fiefvez comme clercs et aultres, en le maniere qui ensieut, est assavoir : que nous quittons, remettons et delaissons, à tous jours perpetuellement et sans rappel, asdictz maire, pers, habitans et demourans en ladicte ville de Beauvais et suburbe, fiefvez, clercs et à toutes aultres personnes singulieres queiconques, presens et advenir, demourans ou habitans en ledicte ville et ès suburbes d'icelle, toutes les redevances queiconques qui, pour cause de mariages faicts et à faire, pourroient estre deues pour cause dudict fief ou pour aultres causes quelconques, sans ce que jamais nous, ne noz successeurs evesques de Beauvais, ne le possessant dudict fief, de icelle redevance quittée, remise ou delaissiée puissions riens demander as habitans ou demourans en ladicte ville, ou a aultres personnes queiconques pour cause de mariages; — et icelle redevance remise, quittiée et delaissiée, si comme dict est, par la teneur de ces presentes lettres, nous ostons, annulons et abbatons à tous jours mès, perpetuellement, du tout en tout (les aultres franchises, libertez et redevances dudict fief demourans à nous et à noz successeurs evesques de Beauvais), moiennant 800 livres parisis que lesdicts maire, pers, habitans, demourans et singulieres personnes en et de ledicte commune nous ont baillé et payé en bonne monnoye usable, bien nombrée et bien comptée, desquelz 800 livres parisis dessus dicts nous nous tenons pour bien payez et en quittons les achatans dessus dictz, — de laquelle somme d'argent dessus dicte nous avons mis et converti tant comme raisons veult et que il doibt souffire, par le conseil et assentement de nostre chappitre de Beauvais, ou pourfit de nostre dict eglise, pour l'amenuisement dudict fief que faict avons. — Et promettons en bonne foy que contre les choses dessus dictes nous ne noz successeurs evesques de Beauvais ne venrons, etc..... Ou temoignage de laquelle chose et pour que ce soit ferme chose et estable, nous avons fait seeller ces presentes de nostre propre seel. Données et faictes le Ve jour de juillet l'an de grace Nostre Seigneur mil trois cens et trente.

Le roi Philippe de Valois, « considérans le bon mouvement que ledict evesque avoit eu auxdictes redevances oster et abatire, » approuva, le 15 juillet 1330, l'accord passé entre Jean de Marigny et les maire et pairs de Beauvais. Cet accord, comme le montre la pièce précédente, avait eu « l'assentement des chanoines. » Nous lisons cependant dans l'*Histoire manuscrite* de G. Hermant :

Comme le chapitre était en possession d'exiger de celui qui était pourvu du fief de la Jonglerie de faire chanter et jouer par un jongleur et un vielleur autour du cloître de la cathédrale, aux fêtes annuelles, et prétendait que l'évêque faisait préjudice à son droit capitulaire par la cession qu'il faisait à la ville, ce prélat fut obligé de dresser un acte par écrit, le 4 août 1330, par lequel il déclarait que ce qu'il avait accordé aux prières des habitants de Beauvais ne pourrait pas préjudicier au chapitre, et que celui qui tenait de lui le fief de la Jonglerie leur ferait, en ces saints jours, les services ordinaires de sa profession.

3°

(En 1464) (1).

C'est le denombrement du fief et ses appartenances et appendances nommé et appelé le fief de la Jonglerie, appartenant à Jehan Le Conte, tavernier et cuisinier, demourant à Beauvais, lequel fief led. Jehan Le Conte baille par maniere de denombrement à très reverend Père en Dieu Mons[gr] l'Evesque et Conte de Beauvais, de qui led. fief est tenu à une foy et hommage, et ouquel a de revenue et appartenances les drois qui ensuivent :

1° — Premièrement led. Jehan Le Conte a, a cause d'iceluy fief, franchise de vendre en la ville de Beauvais tous ses vins qui auront creu en ses vingnes chascun an, et en puet aussi achetter trente muys chascun an, entre vendanges et la Saint Martin d'Iver, et tous iceulx vins puet vendre quant il lui plaist, sans ce qu'il doye paier aucun forage.

2° — *Item* est exempt, a cause dud. fief, de paier taille à la commune de Beauvais et de paier le droit nommé anvoire.

3° — *Item* il a le minage de tous les grains qu'il achette pour la provision et despence de son hostel.

4° — *Item* led. Jehan Le Conte desloye aux moulins de mond. Seig[r] et moust trois mines au boitel et puet desloyer et mettre son blé à la

(1) Biblioth. Le Caron de Troussures; mss.

treumye après le premier mouliant, se il n'a telle franchise que comme led. Jehan Le Conte.

5° — *Item* led. Jehan Le Conte, a cause dud. fief, à 4 deniers sur chascune folle femme de joye venant et estant à Beauvais, et se elle est refusant de paier, led. Jehan Le Conte s'en puet faire paier en prenant son chaperon et luy detenir jusques ad ce qu'il soit paié une fois seullement.

6° — *Item* led. Jehan Le Conte, a cause dud. fief, a de chascun jongleur chantant en place aud. Beauvais 12 deniers parisis, et se ils sont reffusant de paier puet prendre leur livre et leur vielle se ils l'ont, et, se ils ne l'ont, il les puet contraindre de paier.

7° — *Item* led. Jehan Le Conte, a cause dud. fief, toutes fois qu'il vient en la ville de Beauvais aucunes personnes jouans de personnages, ou monstrans oiseaulx ou bestes sauvages, soit en place ou en chambre, puet aler veoir l'esbatement, lui deuxieme, sans rien paier aux maistres desd. jeux ou menans tels oiseaulx ou bestes.

8° — *Item* led. Jehan Le Conte puet donner la place et faire chanter de gestes à Beauvais au lieu accoutumé qui que lui plaist, le jour de Noel, le jour de Pasques, le jour de Penthecoustes et le jour de Toussains, sans ce que autre y puist chanter, se ce n'est par la licence dud. Jehan Le Conte.

9° — *Item* led. Jehan Le Conte, a cause dud. fief, est tenu de faire chanter de geste au cloistre de l'eglise de Saint Pierre de Beauvais, le jour de Noel, le jour de grans Pasques, le jour de Penthecoustes et le jour de Toussains (1), depuis primes lachées jusques à tant que on commence l'euvangille de la grant messe, au cas qu'il peut recouvrer des jongleux en la ville de Beauvais ou autour d'icelle ville.

10° — *Item* ledit Jehan Le Conte est tenu de seoir et juger avec ses pers et compaignons, quant il y est adjourné souffisament, et de contribuer aux frais.

11° — *Item* led. Jehan Le Conte est tenu, a cause dud. fief, de servir mondit Seigneur en armes quant il convient que led. Monsg^r serve le Roy notre Sg^r en icelui estat, et led. Monsg^r en fait semonrre led. Jehan Le Conte suffisament, et doit led. Monseig^r garandir led. Jehan Le Conte de faire aultre service devers le Roy notre Seigneur.

12° — Et aussi est tenu de garder la porte de l'ostel dudit Seigneur, quand il fait sa feste à son nouvel advenement (2).

Et ce present denombrement baille led. Jehan Le Conte aud. reverend père en Dieu son très cher et très redoublé Seigneur, sauf le plus et le

(1) Le jour de la Toussaint ne figure pas dans le dénombrement de 1377.

(2) Ce dernier article n'est pas dans le dénombrement de 1377.

moins tout par amendement, protestant que si plus ou moins y a que dessus est dit, si le advoue iceluy Jehan Le Conte à tenir par foy et hommage, et, que s'il vient plus avant à sa congnoissance, de luy faire savoir et adjouster en ce present denombrement. Lequel pour tesmoing des choses dessusd. led. Jehan Le Conte a seellé de son propre seel.

Ce fut fait l'an mil quatre cens et soixante quatre, le dix huitième jour du mois de novembre; étoit scellé sur queue de parchemin d'un sceau de cire rouge emporté.

4°

(Après 1548) (1).

Le manuscrit du château de Troussures contient un second dénombrement fourni, en 1584, par Pierre Gayant, marchand bourgeois de Beauvais. Nous y trouvons les articles 6, 7, 8 du dénombrement de Jean Le Conte, mais l'article 9 est ainsi modifié :

*Item*, à cause dud. fief, estoit tenu le possesseur d'iceluy faire chanter de geste au cloistre de l'église Saint Pierre dud. Beauvais, les jours de Noel, grande Pasques, Pentecoustes et Toussains, depuis primes laschée jusques à tant que on eust commencé l'evangile de la grand messe, ou cas que peust recouvrer des jongleurs en lad. ville ou autour d'icelle, et, pour ce que on ne chante plus lesdites gestes au cloistre de lad. eglise, du consentement de mond. Seigneur, led. Pierre Galant a passé sentence et condamnation, au proufit du chapitre dud. Beauvais, de la somme de 20 sols parisis de rentes par an, paiable et percevable sur ledit fief, chascun an au jour Saint Jean Baptiste, et partant de descharger ledit Galant, possesseur dud. fief, à faire chanter lesdites gestes au cloistre de lad. eglise, comme dit est.

L'article 11 du dénombrement de 1464, relatif au service militaire, est aussi supprimé dans le dénombrement de Pierre Gayant.

---

(1) Date de l'arrêt du Parlement de Paris interdisant la représentation des mystères sacrés.

## II

### Légendes de la vie de saint Pierre

*(Tapisseries de Guillaume de Hellande* (1).

1°

Comment, en Joppé, saint Pierre resuscita Thabita, femme bonne aumosniere.

2°

Comment l'angèle se apparu à Cornille, centurion, disant qu'il envoiast querir saint Pierre pour son salut.

3°

Comment saint Pierre, en la maison Cimon le coriaire, vit le ciel ouvert et les agèles lui apportans ung lincheul plain de bestes ordes et venimeuses pour mengier.

4°

Comment le Saint Esprit descendi sus Cornille centurion et sa famille, saint Pierre preschant devant luy.

5°

Comment, en la prison Herode, saint Pierre dormoit entre deux chevaliers, et l'angèle le frappa par le costé.

6°

Comment l'angèle mesna saint Pierre hors de la prison Herode.

7°

Comment, en Antioche, saint Pierre fut prins et batu des tirans de Theophile, prince de icelle ville.

---

(1) M. l'abbé Barraud en a donné la description très complète dans une excellente *Notice;* quelques-unes ont été gravées dans l'ouvrage de M. Achille Jubinal : *Les anciennes Tapisseries historiées.* — Les tapisseries de Guillaume de Hellande (qui existent actuellement) ne sont pas toutes à la cathédrale. Une est au musée de Cluny; deux autres, qui appartenaient à un amateur de notre ville, ont été vendues par lui il y a quelques années, et nous ne savons ce qu'elles sont devenues.

8°

Comment, en la prison de Theophile, saint Pierre mouroit de faim et de soif, et saint Pol, en habit de entailleur, lui ouvry les dens et donna à boire et à mengier.

9°

Comment, à la promesse de saint Pol, saint Pierre ressuxita le fils de Theophile qui avoit esté mort par XIIII ans.

10°

Comment Theophile fist eslever saint Pierre en caiere haulte et honourable, pour estre veu et oy preschier.

11°

Comment saint Pierre gary des fievres sainte Prenelle sa fille, à la requeste de Titus disciple.

12°

Comment, par la vertu du baton saint Pierre, George, son disciple, resuscita, qui avoit esté mort quarante jours.

13°

Comment, en Lidde, saint Pierre guary Enée, paralitique, qui VIII ans avoit esté au lit.

14°

Comment saint Pierre dispula contre Symon, magues, lequel se disoit fils de Dieu.

15°

Comment, en Romme, saint Pierre institua Linus et Cletus evesques, ses coadjuteurs.

16°

Comment, en Rome, Jhesus s'apparu à saint Pierre, disant que Simon et Neron machinoient sa mort.

17°

Comment saint Pierre, béant sa fin approchier, institua saint Clément en son lieu pappe de Romme.

18°

Comment saint Pierre ressucita l'adolescent, le fist parler, mengier et aler, et le peuple voulut lapider Simon magues.

19e

Comment saint Pierre, issant l... de Romme, vit Jhesucrist venir... de lui et lui demanda où il all...

20e

Comment saint Pierre fut loyé en la crois, les piés vers le ciel, les angèles lui apportans couronne de roses et de lis et ung livre auquel il lisoit ce qu'il disoit au peuple.

21e

Comment Marcel et Epuleus, bourgeois de Romme, ensevelirent saint Pierre.

22e

(*Comment saint*) Pierre et saint Pol... apparurent à Néron...

## III

**Mises faictes par deliberacion du merquedy 8e de janvier 1482 (n. st. 1483) pour au moien des bonnes nouvelles de la paix (1).**

| | l. | s. | d. |
|---|---|---|---|
| — Fut fait nesloier devant l'ostel de la ville par ung manouvrier, qui cousta.......................... | » | 2 | » |
| — Amené partie des emundices hors.................. | » | 6 | » |
| — Acheté à Beaudin, boulengier, quatre moncheaux de bos sec, et une chariottée de bos vert à ung homme de vilage, qui ont couté 25 sous parisis valant.... | 1 | 11 | 3 |
| — Pour une roe et clou............................... | » | 2 | 2 |
| (Laquelle roe et bos ont servi à faire le feu de joie devant led. hotel). | | | |
| — Fut fait une donnée aud. hostel en vin et en cymeneaux, c'est à sçavoir de : | | | |
| — Ungne queue de vin qui fut achetée à Jehan Le Boucher, apoticaire, qui couta........................ | 14 | » | » |
| — Fut fait donnez et distribuez aux enfans soixante sept douzaines de cymeneaux, à 15 d. t. la douzaine, qui monte à.............................................. | 4 | 4 | 4 |
| (Fait par Flourot Daurenelle). | | | |

(1) Archives municipales, BB 7.

| | | | |
|---|---|---|---|
| — Fut fait pour la recreation dud. jour et joie ung souper aux officiers de la ville et autres aud. hotel qui couta, c'est à sçavoir : | | | |
| — En pain pris sur led. Flourot et ailleurs | » l. | 15 s. | » d. |
| — Avec ce qu'on se aida dud. vin, en fut acheté, sur Pierre Le Coustelier, quatre pots de vin claret à 2 sous, valent | » | 8 | » |
| — En viande, au cuisinier nommé Huchon Le Long | 4 | » | » |
| — Fut acheté aud. Le Boucher sept torches qui servirent aud. souper et au cry qui fut fait de nuit par les officiers de la Ville, du Roy, et de M^r de Beauvais, pesans ensemble huit livres, à 11 blancs la livre | 1 | 16 | 8 |
| — Une livre de chandelles de suif pour le souper | » | 12 | » |
| — Fut donné aux farçeurs et momeurs 16 sous parisis, valent | 1 | » | » |
| Sçavoir : | | | |
| — A ceulx de l'ostel de M^r de Beauvais, lesquels vinrent jouer apres ledit souper, demi franc; et aux momeurs qui vinrent du Pont Pinart, demi franc. | | | |
| — Fut perdu une serviette valant au moins | » | 3 | 9 |
| — Fut delyberé qu'il se feroit ungne moralité devant led. hostel de la ville, laquelle a esté composée par M^e Guillaume de Gamaches, qui en a eu pour sa peine sa taille, montante à | 1 | 5 | » |
| (Laquelle j'ai paié pour lui au collecteur pour ce qu'il n'a voulu rien prendre). | | | |
| — A esté paié tant à Willias que aux charpentiers et manouvriers, bois et autres menus suffrages pour faire et deffaire les hours pour jouer lad. moralité, comme est apparu par parties, tant en vin, viande auxd. joueurs, comme en escriptures, en faisant lesd. jeux et autrement | 3 | 16 | 4 |
| — Item fut fait ung souper en mon hostel pour ceux qui jouerent lad. moralité, auquel furent les chantres de Saint Pierre, qui couta tant en pain qu'en vin et viande | 4 | 5 | 10 |

. . . . . . . . . . . . . . . . . . . . . . . . .

Suit un mandement du maire.

Monsieur le Receveur, mon compère, plaisé vous sçavoir qu'il fut délibéré, les derniers jours d'avril 1483, sus la requeste baillée par ceux qui avoient joué à la venue de la paix, fesant entre autres manction de leurs abillements de sots, que la ville les defrestiroit. Pour coy à ce satisfaire il convient bailler à Nicolas Fauvel la somme de 48 sous parisis, pour laquelle somme il leur bailla le drap pour faire lesdits habillemens, et par rapportant cette présente, ladite somme vous sera allouée en vos comptes. Fait le pénultième jour de décembre, dit an, sous notre seing manuel, en l'absence du clerc.

MARCADÉ.

## IV

### Instructions pour l'exercice de la police épiscopale à Beauvais, XVII$^e$-XVIII$^e$ siècle (1).

*(Danseurs de corde, Marionnettes, Comédiens).*

Les permissions qui s'accordent aux danseurs de corde et marionettes doivent estre rares, on ne les tolère que parce qu'il faut quelques fois donner quelque chose aux divertissements du public, mais il ne faut le permettre qu'avec beaucoup de circonspection, et on doit de la part des officiers de police faire attention aux temps de guerre, de famine, peste, de deuil public, comme du Roy, de la Reyne, de Monseigneur le Dauphin, et Enfans de France héritiers de la Couronne, de Monseigneur l'Evesque Comte de Beauvais.

Les permissions ne doivent jamais estre accordées qu'à la charge d'observer les ordonnances Royaux, c'est à dire de ne point jouer les jours des dimanches et festes pendant le service divin, ny après six heures du soir en hiver, huit heures en esté, se vestir d'habits ecclésiastiques et religieux, jouer choses dissolues, contre les bonnes mœurs et de mauvais exemple.

On peut mettre dans la permission ce qui pourra estre annoncé par son de tambour.

Par arrest du 27$^e$ mars 1547, rapporté par Néron sur l'art. 24 de l'ord. de Blois, il a esté defendu à tous, de quelque estat et qualité qu'ils soient, de sonner tabourins ou trompettes par la ville pour jeux et bastelures ou autres pendant le service divin, sur peine de prison et de punition corporelle, et à tous manans et habitans de Paris et autres villes du ressort de leur bailler maison ou lieu pour ce faire pendant le service divin, sur peine de x livres parisis d'amende pour chacune contravention.

Les permissions doivent estre restraintes à moins de temps qu'il est

---

(1) Archives de l'Oise, G 15.

possible, huit ou quinze jours, trois semaines ou un mois au plus, cela doit dépendre de la qualité des choses et des frais préparatoires.

Elles doivent contenir la somme qu'il sera permis de prendre, parce qu'on ne peut faire aucune levée sur le peuple, sans ordonnance et permission. En effet, une ancienne permission accordée à des comédiens le 20e février 1604, par Me Claude Le Boucher, bailly, porte qu'ils sont authorisez pour prendre 12 deniers.

Il faut toujours ordonner que la minute de la permission demeurera au greffe.

*Nota.* — Les officiers du présidial ayant voulu s'attribuer la connoissance et la police sur les basteleurs et comédiens, il y a eu arrest du 2e décembre 1600, par lequel les officiers de la pairie ont estez maintenus dans la police sur les dits bateleurs et comediens. Quand cet arrest ne seroit pas intervenu, ils n'oseroient plus avoir de pareilles prétentions depuis l'arrest du conseil d'Estat du 1er décembre 1699 qui explique si bien qu'ils n'ont d'autre droit que de publier les édits et déclarations concernant la police qui leur sont envoyez.

## V

### Lettre sur le Concert de Beauvais (1).

La Musique a été de tout temps un lien de la société. Les anciens disaient qu'elle adoucit les mœurs et qu'elle porte à la vertu. Elle formait chez les Grecs une partie importante de l'éducation publique. Platon, que sa sagesse a fait surnommer *divin*, la regardait comme un des moyens les plus propres à élever l'âme aux grandes vérités; et les poëtes ont voulu nous donner une idée de son pouvoir merveilleux, en disant qu'Amphion avait bâti les murs de Thèbes avec sa lyre.

Sans recourir aux figures ni aux exemples éloignés, il est certain que la musique procure un amusement utile, et l'on pourrait presque dire nécessaire, tant pour les hommes en place dont les occupations sérieuses ont besoin de relâche et de dissipation, que pour la jeunesse qui, n'ayant rien qui la détourne des occasions fréquentes de se déranger, se livre avec trop de facilité aux erreurs de cet âge. Dans toutes les villes où il n'y a ni spectacles ni concerts, on remarque que les jeunes gens livrés à eux-mêmes fuient la bonne compagnie, se retirent dans des cabarets, des cafés et autres lieux de liberté, où le jeu, les femmes et le vin les entraînent continuellement et abrutissent leurs âmes. Il en naît des dé-

(1) Cabinet Mathon.

sordres considérables que toute la vigilance des magistrats ne peut arrêter. Dans les villes, au contraire, où il s'est formé des associations de musique, les uns s'occupent à étudier les morceaux qu'ils doivent exécuter, les autres assistent soit aux répétitions, soit à l'exécution; les mères y accompagnent leurs filles, et comme ce sont des assemblées choisies, il n'y a personne qui sorte des bornes que la décence prescrit : en sorte que si ce n'est pas toujours un moyen de détruire les penchants vicieux, c'en est un, du moins, de distraire du vice. Pour les âmes bien nées, c'est un moyen sûr de les sauver du libertinage que de leur offrir des amusements honnêtes qui leur suffisent. Ainsi, en considérant les concerts sous un point de vue politique, rien n'est plus utile et plus digne d'être protégé.

Si on les considère du côté de la religion, que pourrait-il y avoir de blâmable? Ne lisons-nous pas dans l'histoire sacrée que David, par les sons tendres et harmonieux de sa harpe, a charmé les fureurs de Saül? Nos églises ne retentissent-elles pas encore tous les jours d'une sainte harmonie qui flatte nos oreilles, en même temps qu'elle édifie nos cœurs?

Ces chants, dira-t-on, s'adressent au Très-Haut; ils célèbrent sa grandeur, leur objet les rend légitimes, au lieu que tout est profane dans les concerts.

Il résulte de ce raisonnement même que la musique n'est pas répréhensible en soi; il n'y a donc que l'abus qui s'en fait que l'on puisse blâmer. Prétendra-t-on qu'il y a de l'abus toutes les fois que l'on emploie la musique à autre chose qu'à chanter les louanges du Seigneur? Ce serait outrer le rigorisme. Il faudrait dire, en ce cas, que tout ce qu'on ne fait pas en vue et pour l'amour de Dieu l'offense : il faudrait par suite interdire les jeux de toute espèce, parce qu'ils n'ont pas certainement Dieu pour objet, et en outre parce que l'intérêt qu'on y mêle peut tourner en passion ce qui n'est destiné qu'à une dissipation d'un moment : il faudrait encore interdire les promenades publiques, parce qu'on y rencontre des femmes coquettes ou des hommes libertins, et que c'est une occasion prochaine de péché : il faudrait dire, enfin, qu'on ne peut se sanctifier que dans les cloîtres ou en vivant comme des anachorètes. Mais ce point de perfection auquel tous les chrétiens ne peuvent atteindre est trop au-dessus des forces communes : il faut prendre les hommes, non tels qu'ils devraient être, mais tels qu'ils sont. Il faut leur passer des frivolités pour leur éviter des vices réels et beaucoup plus dangereux; en un mot, il faut faire grâce à leurs faiblesses pour ne point les rebuter par un excès de sévérité qui rendrait la vertu haïssable.

C'est par ces motifs que dans les grandes villes on permet les spectacles. On les permet même à Rome qui est le centre de la religion, et l'on a vu les années dernières à Paris, dans le temps du plus grand deuil, être obligé de rouvrir les théâtres beaucoup plus tôt qu'on ne se l'était proposé, pour arrêter le progrès du mal que leur interruption commençait à causer.

Il y a cependant bien de la différence entre un concert et un spectacle tel que l'opéra et la comédie, dans lequel les acteurs, par leur jeu ou par leur danse, peuvent réveiller les passions qu'ils expriment. Dans un concert, c'est l'effet de la musique que l'on cherche uniquement. On exécute, à la vérité, des opéras, même des opéras-comiques; mais toute l'illusion du théâtre n'y est plus : ce sont des scènes froides qui se chantent sans jeu ni passion. Si l'on donne des opéras-comiques, on en retranche tout le dialogue, et on change, dans les ariettes, les paroles trop libres ou équivoques, enfin tout ce qui pourrait choquer des oreilles délicates. On défie à cet égard la critique la plus sévère de trouver à y reprendre. Ceux qui osent blâmer le Concert sur ce fondement ne sont pas instruits sans doute de ce qui s'y passe. S'ils y venaient, ils en prendraient sûrement une toute autre idée que celle qu'ils s'en sont formée : ils reconnaîtraient que l'ordre et la décence y sont observés, soit de la part de ceux qui exécutent, soit de la part des auditeurs : ils remarqueraient que, comme toutes les conversations y sont interdites et tous les yeux ouverts, il y a moins à redouter pour les mœurs que dans les assemblées particulières, où, pendant que les mères sont occupées à une table de jeu, les jeunes personnes n'ont autre chose à faire qu'à prêter l'oreille aux galanteries de ceux qui ne jouent pas. On ne craint pas de dire que, hors les lieux destinés à la prière, c'est l'endroit où la vertu et la religion courent le moins de risques.

Eh, s'il pouvait y en avoir, si ce n'était pas une assemblée honnête et décente, verrait-on les personnes les plus estimables de la ville en être membres? Aurait-on vu Monsieur le duc de Tresmes en agréer le titre de PROTECTEUR, et Monsieur l'Intendant celui de CONSERVATEUR? Verrait-on de semblables établissements dans toutes les provinces du Royaume et dans tous les Etats catholiques. Verrait-on, dans certains diocèses, les Prélats permettre qu'on y place leur fauteuil, et les autres ecclésiastiques ne pas faire scrupule d'y assister. Censeurs indiscrets, si vous condamnez ces établissements, osez donc condamner aussi l'exemple que nous en a donné une Reine pieuse et le modèle de toutes les vertus, quand elle honorait de sa présence un concert qui se faisait pour elle et qui portait même son nom (1). Condamnez de même et le Roy qui autorise ces amusements (2), et le Chef de l'Eglise qui ne les dé-

(1) Le Concert de la Reine.

(2) Le Concert spirituel à Paris, le Concert de Lyon et autres sont établis par lettres-patentes.

fend pas dans ses Etats, dont il est seigneur spirituel et temporel. Ces exemples doivent vous convaincre que votre zèle vous a entraînés trop loin lorsque vous avez alarmé les consciences par des craintes frivoles et peu réfléchies. Hâtez-vous donc de réparer le scandale que vous avez causé en voulant en prévenir un imaginaire, et rendez plus de justice à une société respectable qui mérite toute votre estime, tant par l'utilité qui en résulte pour la ville que par la considération des personnes qui la composent ou la protègent.

Lu et approuvé le 6 septembre 1768.

MARIN.

## VI

### Ordonnance de Monsieur le Bailli de la Ville, Bailliage et Comté-Pairie de Beauvais, Juge-Général de Police de ladite Ville et des Faubourgs (1).

*Du samedi 4 août 1781.*

A tous ceux qui ces présentes Lettres verront, Jean-Louis LESCUYER, Ecuyer, Bailli de la Ville, Bailliage, Comté-Pairie de Beauvais, Juge général de Police de ladite Ville et des Faubourgs; SALUT. Savoir faisons que vu le Réquisitoire du Procureur-Fiscal et de Police, portant qu'il avait été informé, mardi 31 juillet, par différentes personnes notables de cette Ville, que le dimanche précédent, un acteur qui remplissait le rôle de *Blaise* dans l'opéra connu sous le titre de *Blaise le Savetier*, s'était permis d'ajouter, en chantant le vaudeville qui le termine, quatre couplets, licencieux à un tel point que le public en avait été révolté, et qu'au moment où il se disposait à les répéter, plusieurs voix s'étaient élevées qui lui avaient interdit la parole; le Remontrant ayant mandé l'acteur, après lui avoir fait sentir quelle punition un pareil écart était dans le cas de lui attirer, il ajouta que néanmoins, par indulgence, il s'abstiendrait de Nous en référer si, jouant une seconde fois la même pièce l'un des jours de la semaine, il observait de n'y pas chanter lesdits couplets, présumant ledit Procureur-Fiscal que le silence serait pris pour une réparation, muette mais suffisante, envers ce même public, que son chant avait offensé;

Qu'en conséquence, jeudi 2 de ce mois, l'acteur avait annoncé sur le théâtre, pour le lendemain, la pièce en question; mais qu'à l'instant une voix générale, effet sans doute de l'impression, renouvelée par

(1) Cabinet Mathon.

cette annonce, que les couplets avaient laissée dans les esprits, s'était opposée à ce qu'on la représentât. Que, vu cette opposition et l'obligation de déférer au Public sur le choix des pièces de théâtre consacrées à son amusement, le Remontrant avait enjoint à l'acteur, lorsque le lendemain ce dernier lui en avait rendu compte, de s'abstenir de faire jouer et de jouer celle qu'il avait annoncée : au moyen de quoi il ne se trouvait plus alors subsister d'engagement envers le Public d'en jouer aucune ce jour là, puisqu'il ne lui en avait pas été promis d'autre ;

Que dans ces entrefaites l'*Invention de Saint Etienne*, solennisée dans l'église paroissiale de Saint-Etienne, ledit jour vendredi 3 de ce mois, avait excité des représentations faites au Remontrant sur l'inconvénient, trop souvent éprouvé et qui le serait encore plus dans un jour où l'office divin s'y prolongerait jusqu'à sept heures du soir, de permettre que le spectacle concourût, vu le peu de distance qui sépare ladite église du théâtre et qui est telle qu'on peut entendre de l'une le bruit des instruments qui se mêlent, dans l'autre, au chant des acteurs ; le Remontrant a cru devoir, après avoir fait rapport des circonstances ci-dessus retracées, requérir qu'il vous plût interdire pour ce jour seulement le spectacle ; ce que vous avez en effet ordonné ;

Qu'en conséquence de votre Ordonnance, signifiée au sieur Feulliet, propriétaire de la salle et en outre directeur privilégié de la troupe de comédiens actuellement en exercice, le Remontrant avait fait afficher qu'il y aurait *Relâche au théâtre*, attendu qu'avant cette signification différentes affiches avaient été apposées de la part d'aucuns des comédiens qui annonçaient *la Fée Urgèle* ;

Que malgré les défenses, qui toutefois n'avaient été notifiées à aucun des comédiens en personne, le sieur Feulliet parait avoir ouvert la salle, et la représentation annoncée par la première affiche ayant eu lieu, l'inconvénient prévu du concours du spectacle pendant une partie de sa durée avec le saint célébré dans le même temps à Saint-Etienne, s'était manifesté sensiblement aux yeux du public ;

Que le Remontrant ne peut se dispenser de rendre plainte tant de cette infraction aux défenses par vous portées, que du fait des couplets chantés le dimanche 31 juillet ; fait qui a été la cause première d'un désordre, qui se trouve blesser tout à la fois l'honnêteté des mœurs et l'autorité de la Justice ;

Qu'en outre ce double objet, également compromis dans les circonstances, lui semble exiger un règlement provisoire qui les préserve d'atteintes ultérieures.

Pourquoi requérait ledit Procureur-Fiscal et de police qu'il lui fût donné acte de la plainte qu'il rendait des faits contenus au présent Réquisitoire, et de ce qu'il concluait à ce qu'il en fût informé, pour après l'information faite et à lui communiquée, être requis ce qu'il appartiendra.

Requiérait en outre que dès à présent défenses fussent faites à Feuillet et aux acteurs de la troupe de comédiens actuellement en exercice à la faveur de son privilège, de chanter ou réciter, ou de faire chanter ou réciter sur leur théâtre aucun discours, soit en prose, soit en vers, qu'ils n'aient été vus et approuvés par la Police, à moins qu'ils ne fassent littéralement partie des pièces qu'ils sont, par les règlements généraux concernant les spectacles, autorisés à jouer; à peine contre Feuillet d'amende arbitraire ou de plus grande punition s'il y échet, et à peine contre les acteurs de prison encourue par le simple fait.

Comme aussi qu'il fût fait défenses audit Feuillet de souffrir en aucun temps, et sous quelque prétexte que ce soit, l'ouverture du spectacle avant l'heure où l'office de Saint-Etienne, ordinaire ou extraordinaire, est entièrement fini; à peine de suspension de la permission qui lui a été par Nous accordée, et ce pendant huitaine pour la première fois, et pour tel plus long temps qu'il sera jugé convenable en cas de récidive.

Qu'il fût dit que l'Ordonnance à intervenir sera exécutée nonobstant opposition ou appellation quelconques, attendu qu'il s'agit de police; que le Remontrant soit en outre autorisé à la faire imprimer, distribuer et notifier tant à Feuillet qu'à tous autres qu'il appartiendra : ledit Réquisitoire signé GOUJON.

Nous, tout vu et considéré, faisant droit sur le Réquisitoire et les Conclusions ci-dessus, donnons acte au Procureur-Fiscal de sa plainte; permettons de faire informer à sa requête des faits contenus en icelle, pour ladite information faite, communiquée et rapportée, être par lui requis et par Nous ordonné ce qu'il appartiendra.

Et cependant faisons dès à présent défenses à *Feuillet* et aux acteurs de la troupe de comédiens actuellement en exercice à la faveur de son privilège, de chanter ou de réciter, ni de faire chanter et réciter sur leur théâtre aucun discours, soit en prose, soit en vers, qu'ils n'aient été vus et approuvés par la police, à moins qu'ils ne fassent littéralement partie des pièces qu'ils sont, par les règlements généraux concernant les spectacles, autorisés à jouer; à peine contre Feuillet d'amende arbitraire ou de plus grande punition s'il y échet, et à peine contre les acteurs de prison encourue par le simple fait.

Faisons pareillement défenses audit Feuillet de souffrir en aucun temps, et sous aucun prétexte que ce soit, l'ouverture du spectacle avant six heures du soir, heure à laquelle l'Office de Saint-Etienne est ordinairement fini, sauf les jours et les cas extraordinaires, pour lesquels Nous nous réservons de statuer suivant les circonstances; à peine de suspension de la permission qui lui a été par Nous accordée, et ce pendant huitaine pour la première fois, et pour tel plus long temps qu'il sera jugé convenable en cas de récidive.

Disons que notre présente Ordonnance sera imprimée, distribuée et notifiée tant à Feuillet qu'à tous autres qu'il appartiendra ; exécutée en outre nonobstant opposition ou appellation quelconques, attendu qu'il s'agit de Police.

Ce fut fait et ordonné par Nous, Juge susnommé, le samedi quatre août mil sept cent quatre-vingt-un. Signé LESCUYER et PULLEU.

## VII

Sentence de police qui condamne le sieur François Farges, acteur de la troupe privilégiée du sieur Feuillet, en trente-six heures de prison, et le sieur Feuillet, par corps, en 15 livres d'amende, pour les causes énoncées en ladite sentence (1),

*Du 14 août 1781, onze heures du matin.*

A tous ceux qui ces présentes lettres verront, Jean-Louis LESCUYER, Ecuyer, Bailli de la Ville, Bailliage et Comté-Pairie de Beauvais, Juge Général de Police de ladite ville et des faubourgs, Salut. Savoir faisons que cejourd'hui date des présentes en notre hôtel en jugement :

Entre le Procureur-Fiscal et de Police de ce siège, demandeur aux fins de l'exploit de Teissier, sergent en ce siège, de cejourd'hui, dûment contrôlé, présent, d'une part :

Contre le sieur *Nicolas Feuillet*, horloger, demeurant à Beauvais, rue de l'Ecu, propriétaire de la salle de spectacle et directeur privilégié de la troupe de comédiens actuellement en cette ville, défendeur, présent, d'autre part ;

Et contre le sieur *François Farges*, l'un des acteurs de la troupe de comédiens, demeurant en cette ville de Beauvais, aussi défendeur, présent, aussi d'autre part ;

A l'audience, parties ouïes, lecture faite de l'exploit susdaté, disons qu'il en sera délibéré ; et après en avoir délibéré sur le champ, vu notre ordonnance du 3 de ce mois, celle du 4 portant permission d'informer, et lecture faite de l'information qui s'en est ensuivie ; Nous, pour avoir par ledit *Farges* chanté, le dimanche 29 juillet, à la suite de l'opéra de *Blaise le Savetier*, plusieurs couplets qui ne faisaient point partie du vaudeville, et dont les paroles trop libres excitèrent l'indisposition du public à un tel point que plusieurs s'étant écrié *bis*, le plus grand nombre des spectateurs lui interdit, par une acclamation toute contraire, de les

(1) Cabinet Mathon.

répéter ; Pour avoir en outre, en annonçant le 2 de ce mois une seconde représentation de la même pièce pour le lendemain, induit ce même public en erreur sur les motifs de l'annonce, faute de lui avoir déclaré en même temps qu'il était dans la disposition, que même il lui avait été enjoint, dans le cas où cette représentation aurait lieu, de donner la pièce sans les couplets ; avons condamné ledit *Farges* en trente-six heures de prison ; en conséquence lui enjoignons de s'y rendre dans l'heure de la signification du présent jugement ; à Teissier, huissier de police, de l'y accompagner, et au geôlier de s'en charger pendant ledit temps, dont ce dernier certifiera par écrit ledit Procureur-Fiscal ; enjoignons audit Farges d'être à l'avenir plus circonspect.

Et à l'égard de *Feuillet*, tant pour n'avoir pas empêché, comme il en était tenu en sa qualité de directeur privilégié, la licence commise par l'acteur de sa troupe, en chantant lesdits couplets, que pour avoir, au mépris de nos défenses à lui signifiées le 3 de ce mois, fait exécuter ce jour-là sur son théâtre une représentation de la *Fée Urgèle;* le condamnons par corps en 15 livres d'amende, applicable, du consentement dudit Procureur-Fiscal, aux pauvres de la paroisse de Saint-Etienne : Disons que notre présente sentence sera imprimée et distribuée partout où besoin sera, et exécutée nonobstant et sans préjudice de l'appel, attendu qu'il s'agit de police. *Signé à la minute :* LESCUYER.

Mandons aux huissiers et sergents de ce bailliage, ou autres sur ce requis, de mettre ces présentes à exécution ; de ce faire donnons pouvoir. Donné à Beauvais en notre hôtel, sous notre seing pour scel. Ce fut fait et jugé par nous juge susnommé, le mardi quatorze août mil sept cent quatre vingt un, onze heures du matin. *Signé* LESCUYER pour scel, et HAGUÉ, commis-greffier.

## VIII

**Procès-verbal de comparution de plusieurs citoyens, contenant leurs déclarations au sujet du tapage arrivé au spectacle le 26 mars 1786 de la part de plusieurs gardes du corps, dans lequel le nommé Sarous a été tué et plusieurs autres blessés (1).**

L'an mil-sept-cent-quatre-vingt-six, le lundi vingt-sept mars, onze heures et demie du matin ; par devant nous, Maire, Pairs et Officiers Municipaux de la ville et commune de Beauvais, assemblés en l'hôtel commun de la Ville, pour délibérer sur l'événement désastreux qui est

---

(1 Archives municipales, FF 5.

arrivé hier à la salle de spectacle de cette ville, sont comparus les Sieurs Jean-Lucien-François Renault, négociant et aide-major de la milice bourgeoise de cette ville; Jean-Charles-Louis Talon, négociant; Antoine Prévôt, marchand limonadier; Jean-Jacques Martin, marchand mercier-drapier; Eustache Leroy, marchand épicier, sindic de la communauté; Jean-Henri-Marie de Nully, ancien marchand épicier et ancien sindic de la communauté: François-Guillaume Durand, également marchand épicier et ancien sindic; Pierre-Claude Hersant, marchand mercier; Antoine-Charles Feuillet, négociant; Eustache Langlois, bourgeois; Juste Breyen, négociant; Julien Morel, marchand épicier; Jean-Charles Sarcus, fabricant d'étoffes; Jacques Mallet, marchand drapier et fabricant; Thomas Delarue, garçon tailleur; Jean-Louis Guérin, négociant et entrepreneur de la manufacture de vitriol; Jean-Baptiste Daniel, ancien sindic des aubergistes de cette ville; Nicolas Feuillet, horloger; Charles Bottin, blanchisseur d'étoffes; Charles Duplessier, marchand épicier, ancien sindic de la communauté, etc., lesquels ont dit, sçavoir ledit sieur Renault:

Que cejourd'hui, sur les onze heures du matin, tous lesdits sieurs susnommés, sauf les sieurs Duplessier, Bottin, Feuillet et Daniel, se sont présentés chez lui avec plusieurs autres bourgeois, pour le prier en sa dite qualité d'aide-major, de leur faire accorder garde et sûreté bourgeoise d'après l'accident arrivé le jour d'hier en la salle de spectacle de cette ville, et dont va être ci-après parlé; Qu'il leur a répondu n'avoir quant à ce aucun pouvoir, et que c'était aux Officiers Municipaux qu'ils devaient s'adresser; et sur la représentation que lui ont faite plusieurs d'entre eux, que lesdits Officiers Municipaux étaient assemblés à l'hôtel commun, ils l'engagèrent tous de vouloir bien s'y rendre avec eux, ce qu'il a fait et a signé

RENAULT fils aîné.

Ledit sieur Jean-Louis Talon a dit que le jour d'hier, sur les six heures ou six heures un quart du soir, étant dans le parterre de ladite comédie, il a vu dans les premières loges plusieurs de MM. les gardes du corps, en habit d'ordonnance, lesquels avaient tous le chapeau bas, à l'exception d'un seul; qu'alors la toile n'était point encore relevée. Qu'avant même qu'elle fût levée, il s'éleva un cri général du parterre, *chapeau bas*, cri qui a été répété. Qu'alors que la toile s'est levée, que les acteurs commencèrent, le même cri s'est répété : *chapeau bas, ou l'on ne jouera pas*. Que le garde du corps qui avait le chapeau sur la tête l'ayant toujours conservé, les cris ont continué; qu'alors le garde du corps a porté la main à son chapeau pour le renfoncer; que sur le champ les autres gardes du corps ont pris leurs chapeaux et les ont mis sur leurs têtes. Que le même cri s'est répété de façon que l'on n'entendait pas les acteurs. Qu'au même instant, un garde du corps qui était dans une loge vis à vis de celui qui avait le chapeau sur la tête, mit l'épée à la main dans la loge même et s'élança d'icelle dans le parterre. Qu'au même instant un autre garde du corps d'une loge opposée, sauta également dans le parterre l'épée à la main, qu'il fut suivi par deux autres qui tombèrent aussi l'épée à la main dans le parterre. Que le public s'écria *Ah mon Dieu! Ah mon Dieu! Quel meurtre!* Qu'alors le déposant, effrayé, fit un effort pour sauter du parterre dans l'amphithéâtre où il est resté, qu'il s'est mis même dans l'enfoncement d'icelui. Qu'étant là et pendant que l'on jouait, un garde du corps se présenta à la porte de l'amphithéâtre et dit à un jeune homme nommé Thièble, qui était au bord de l'amphithéâtre : *Retire-toi.* Que ce jeune homme lui répondit qu'il était là pour son argent comme un autre. Qu'alors le garde du corps le poussa pour le faire retirer; que le jeune homme se retourna et que le garde du corps, qui avait déjà l'épée à la main, voulut la plonger dans le corps de ce jeune homme; qu'il en fut arrêté par le sieur Poulain, major de la milice bourgeoise de cette ville, qui s'écria en lui disant : *M. Jumel, qu'allez-vous faire!* Que le garde du corps s'est ensuite retiré aux premières loges où le déposant l'a vu ensuite et que le jeune homme entré dans l'amphithéâtre y est resté, et a ledit sieur Tallon signé.

TALLON.

Ledit sieur Martin-Salmon a dit qu'il a vu ce qui est déclaré par le premier comparant, sauf ce qui s'est passé au bord de l'amphithéâtre.

Ajoute qu'il était avec la dame son épouse dans la même loge où se trouvait le garde du corps qui avait son chapeau sur la tête. Qu'aux premiers cris du parterre, la dame son épouse lui dit de retirer son chapeau, qu'il lui répondit *qu'il n'était point fait pour obéir au parterre, que d'ailleurs il appartenait à un corps.*

Que comme les cris redoublaient, il a fait effort pour détacher un tabouret et le jeter dans le parterre. Qu'un des gardes du corps plus ancien, qui avait les pieds sur ledit tabouret, l'arrêta en lui disant : *Qu'allez-vous faire!* Que le premier garde du corps ne pouvant se saisir du tabouret, tira son épée et pointa de haut en bas ceux qui se trouvaient dans le parterre audessous de sa loge. Que d'autres gardes du corps qui étaient également dans la même loge tirèrent également leurs épées et firent la même chose. Qu'il a entendu un cri général dans le parterre.

Qu'ensuite, et peut-être un quart-d'heure après, arriva dans la même loge le sieur Jumel, garde du corps, lequel dit à ceux dont le déclarant vient de parler *qu'il avait mal au poignet, qu'il venait de repasser un drôle et qu'il croyait qu'il n'en reviendrait pas*, et a signé

MARTIN.

Ledit sieur Le Roy a dit qu'il ne comparait que pour réclamer la sûreté bourgeoise et qu'il n'était point au spectacle, et a signé

LE ROY.

Ledit sieur De Nully a dit qu'il n'a été au spectacle qu'à la seconde pièce, qu'en arrivant il a trouvé la dame Martin-Salmon toute alarmée, laquelle lui a raconté ce que ledit sieur Martin-Salmon, son mari, a déclaré ci-dessus, et ajoute le comparant qu'au second acte de la seconde pièce il s'est élevé dans le parterre plusieurs voix qui ont dit qu'il fallait cesser le spectacle, attendu que le sieur Sarcus venait d'expirer des coups d'épée qu'il avait reçus dans le parterre et qu'il n'était point décent que l'on jouât davantage, vu qu'il y avait encore plusieurs autres personnes de blessées grièvement, et qu'à l'instant la toile a été baissée.

DE NULLY.

Le sieur Durand a dit qu'il a vu ce qui est déclaré ci-dessus par ledit sieur Tallon, à l'exception de ce qui concerne le sieur Thièble avec le garde du corps au bord de l'amphithéâtre.

Ajoute que, voyant la querelle commencée, il a voulu se retirer du spectacle et qu'à la porte il a trouvé trois ou quatre gardes du corps qui avaient l'épée nue et qui empêchaient de sortir, en sorte qu'il a été obligé de rester.

Ajoute encore qu'il a entendu M. de Salle, fourrier-major des gardes du corps, lequel criait : *Arrêtez donc, Messieurs !* et *Que faites-vous !* et a signé

DURAND.

Ledit sieur Charles Feuillet a dit qu'il était dans la même loge que le garde du corps qui a sauté le premier dans le parterre, que ce qu'a déclaré ci-dessus le sieur Tallon est exact dans ses parties.

Qu'il a entendu en outre M. de Salle, fourrier-major des gardes du corps, dire : *Messieurs, que faites-vous !* en levant sa canne et les priant de cesser, par plusieurs reprises.

Qu'il a également vu M. de Coigny, garde du corps, qui était à quelques places au-dessous de la sienne, s'élancer dans le parterre l'épée à la main et la pointe en bas.

Qu'un autre garde du corps étant à côté de lui déclarant, dit : *Ce n'est encore rien que cela, nous en verrons encore bien d'autres*, ce qu'il a dit en rentrant dans la loge d'où il avait sauté dans le parterre, et a signé

CHARLES FEUILLET.

Ledit sieur Eustache Langlois a dit qu'il était sur le point d'entrer hier au spectacle, lorsqu'on lui apprit qu'il y avait un homme de tué, et dix à onze autres de blessés ; qu'en conséquence il a retourné chez lui, et a signé

EUSTACHE LANGLOIS.

Ledit sieur Juste Breyer a dit qu'hier, sur les six heures un quart ou environ de relevée, étant pour entrer à la comédie, il a trouvé à la porte du parterre deux gardes du corps l'épée nue à la main ; qu'il est entré au parterre, les deux gardes du corps l'ayant laissé passer ; qu'en arrivant dans l'intérieur il a entendu M. de Salle, fourrier-major, qui disait : *Que faites-vous, Messieurs ! Que faites-vous !* Que le spectacle a été interrompu, au second acte de la seconde pièce, par des cris qui annonçaient qu'il y avait un homme de tué et plusieurs de blessés, et a signé

JUSTE BREHIER.

Ledit sieur Jean-Louis Guérin a dit que ce qu'a déclaré le sieur Talon ci-dessus est la même chose que ce qu'il pourrait déclarer lui-même, à l'exception qu'au lieu de quatre gardes du corps dont parle ledit sieur Talon, il en a vu six sauter de leurs loges, l'épée nue à la main, dans le parterre. Qu'à l'instant, voyant la querelle, il s'est présenté à la porte pour sortir, qu'il a vu un des gardes du corps qui était à l'issue du passage de l'amphithéâtre au parterre et qui est fermé par un grillage, qu'il l'a vu, l'épée nue à la main, passant la lame à travers du grillage, comme pour percer ceux qui se présenteraient, et qu'il a entendu nommer ledit garde du corps par la femme du nommé Robert, compagnon orfèvre, laquelle s'est jetée à la garde de l'épée, en disant : *M......, qu'allez-vous faire !* Qu'à la descente du parterre, il y avait un autre garde du corps, également l'épée à la main, qui empêchait la sortie.

Qu'il a entendu nommer M. Jumel comme ayant insulté le sieur Thiébie sur le bord de l'amphithéâtre, et a signé

GUÉRIN.

Le sieur Nicolas Feuillet a dit qu'il a vu exactement ce que rapporte le sieur Talon, du retour d'équerre de l'orchestre où il jouait de la basque.

Qu'il n'a rien vu de ce qui s'est passé dans l'amphithéâtre, mais qu'il a vu nombre de pointes d'épée qui lardaient des premières loges dans le parterre : ce qui a forcé ceux qui étaient contre lesdites loges à se retirer avec tant de précipitation, que, s'étant jetés contre la barrière de l'orchestre, ils l'ont rompue par l'effort, quoiqu'elle fût très solide ; que lui comparant s'est trouvé encombré pardessous la dite barrière, que nombre de personnes en passant pardessus la dite barrière l'ont blessé par leur poids.

Que dans le même temps qu'il est parvenu à se dégager, nombre de personnes ont voulu monter sur le théâtre, que lui comparant a fait également effort pour y monter à l'effet de voir si le feu ne prenait point dans la bagarre à la salle et aux décorations dont il est propriétaire, il en a été empêché comme les autres par deux gardes du corps qui avaient l'épée à la main; ce que voyant, il s'est sauvé par un faux fuyant et a été ouvrir toutes les portes.

Qu'il a vu également M. de Salle faire les représentations les plus fortes aux gardes du corps et entre autres au sieur de la Motte, l'un d'eux, qui est celui qui avait le chapeau sur la tête et qui a été le premier auteur de la querelle.

Qu'il a également vu ledit sieur de Salle faire signe aux gardes du corps qu'il voyait, de sortir; ce qu'ils ont fait, et a signé

N. FEUILLET.

Ledit Jacques Masset a dit qu'il n'a point été présent au spectacle, mais qu'ayant appris le malheur qui était arrivé à Etienne Sareus, son parent, lequel était déposé chez le sieur Oudaille, tailleur, rue de l'Ecu, et voisin de la comédie; il l'a trouvé mort, qu'il a vu sa plaie qui était dans le côté gauche et qu'il pouvait être sept heures du soir, et a signé

MASSET.

Le sieur Bernard dit que le jour d'hier, à la comédie, la scène en question s'est passée comme l'a déclaré le sieur Martin-Salmon, l'un des comparants ci-dessus. Que lui comparant, après la querelle assoupie, étant sur le théâtre, a entendu le sieur Méjanés, garde du corps, logé chez le sieur Gouchon, perruquier, dire *qu'il venait de donner un bon coup d'épée, qu'il ne savait point à qui, mais qu'il en était fâché*, qu'il avait alors l'épée nue à la main et qu'il a montré sur son épée la profondeur dont elle avait pu entrer, en ajoutant qu'il pouvait encore y avoir du sang, et a signé

BERNARD.

Ledit sieur Guignon a dit qu'étant à l'orchestre de la comédie du jour d'hier, comme musicien, il a vu la querelle arriver et se terminer comme l'a déclaré le sieur Tallon; que comme les gardes du corps qui étaient dans les loges plongeaient leurs épées dans le parterre, il a été attrapé de la pointe d'une au visage et à la tempe gauche légèrement. Ajoute qu'il n'a rien vu de la scène qui s'est passée à l'amphithéâtre, et a signé

J.-B. GUIGNON.

Nous croyons inutile de donner les autres dépositions, qui ne font que confirmer les mêmes faits.

## IX

### Lettres du baron de Breteuil et du duc de Gesvres (1).

1°

Versailles, le 2 avril 1786.

J'ai reçu, Messieurs, la lettre que vous m'avez écrite à l'occasion de l'événement fâcheux arrivé au spectacle de votre ville le 26 du mois dernier. Je ne suis point surpris qu'il ait causé une émotion très vive parmi les habitants. Je m'occupe des moyens de leur procurer la tranquillité et la sûreté dont doivent jouir des citoyens, et M. le M[al] de Ségur s'occupe également des moyens de réprimer les entreprises et de les empêcher de se renouveler. Vous devez, de votre côté, donner tous vos soins à rétablir le calme, et je vois avec plaisir que vous vous y êtes déjà employés. Vous avez fait très prudemment de ne point donner les copies qui vous étaient demandées du procès-verbal qui contient les déclarations que vous avez reçues.

Je suis véritablement, Messieurs, votre très humble et très affectionné serviteur,

LE B[on] DE BRETEUIL.

*A Messieurs les officiers municipaux de Beauvais.*

2°

Paris, ce 4 avril 1786.

Messieurs,

J'ai reçu hier la lettre que vous avez pris la peine de m'écrire, ainsi que le procès-verbal qui y était joint. Je vous suis très obligé de me l'avoir envoyé; mais je ne vous dissimule pas que j'ai été très surpris d'apprendre par le public le malheureux événement arrivé dans une ville de mon gouvernement général et particulier, qui m'intéresse à tant de titres, tandis que les autres villes dont je ne suis que gouverneur général ont coutume de me rendre compte, dans les vingt-quatre heures, de tous les événements extraordinaires qui y arrivent. Le motif de ce retard a été le désir que vous témoignez de m'envoyer le procès-verbal, mais vous auriez pu, en attendant, m'en écrire un détail plus succint.

(1) Archives municipales, FF 5.

Vous ne devez pas douter que je ne me concerte avec M. le baron de Breteuil pour faire mettre sous les yeux de Sa Majesté les plaintes et les justes réclamations des citoyens, à l'effet d'en obtenir la réparation que les preuves du délit et les circonstances paraîtront exiger. Rendez justice à ma parfaite considération pour la Ville et aux sentiments personnels avec lesquels

Je suis,

Messieurs,

Votre affectionné serviteur,

LE DUC DE GESVRES.

## X

### Sentence qui ordonne la visite de la salle (1).

*10 avril 1786.*

A tous ceux qui ces présentes lettres verront, Jean-Joseph-Marie Joubert, avocat en parlement, lieutenant-criminel et de police de la Ville, Bailliage, Comté-Pairie de Beauvais, Salut. Savoir faisons que sur ce qui nous a été remontré par le procureur fiscal et de police de ce siège, que le tumulte arrivé en la salle de spectacle de cette ville, le vingt-six mars dernier, et les suites qu'il a entraînées ont fait rouvrir les yeux sur les inconvénients déjà plusieurs fois aperçus du local, considéré sous le rapport qui intéresse la sûreté publique.

Qu'il paraît que dans l'intérieur la disposition des corridors autour des trois rangs de loges que comporte l'enceinte de cette salle rend difficile la communication des ordres ou des avertissements que la bonne police de tout spectacle exige, en différentes circonstances, de faire parvenir immédiatement aux personnes qui se mettent dans le cas d'en recevoir.

Qu'un inconvénient plus sensible encore résulte de l'unique issue qu'il y ait, et qui ne saurait suffire à beaucoup près à l'affluence des spectateurs que la moindre alarme peut inopinément précipiter vers elle.

Qu'il est peut-être des moyens de corriger le vice matériel de cette distribution, et, qu'autant pour s'en assurer qu'en vue de constater le véritable état des lieux, il en requiert la visite

Pour quoi, ayant égard à la remontrance dudit Procureur fiscal et faisant droit sur son réquisitoire, nous ordonnons que demain mardi, onze de ce mois, trois heures de relevée, accompagné dudit Procureur fiscal et de notre greffier, nous nous transporterons en la salle de spec-

(1) Archives municipales, FF 5.

tacle dont le sieur Nicolas Feuillet est propriétaire, laquelle est située en cette ville, grande rue de l'Ecu, à l'effet de procéder à la visite d'icelle (ledit sieur Feuillet présent ou du moins appelé), et pour en constater l'état. Duquel état, ensemble des dires et observations qui pourront être respectivement proposés, sera dressé procès-verbal; sauf ensuite à être, par ledit Procureur fiscal, requis et par nous ordonné ce qu'il appartiendra.

Et sera notre présente ordonnance exécutée nonobstant opposition ou appellation quelconque, ce sans y préjudicier, attendu qu'il s'agit d'instruction et de police.

Signé à la minute : JOUBERT, GOUJON, HAGUÉ.

## XI

### Visite de la salle (1).

*11 avril 1786.*

L'an mil sept cent quatre-vingt-six, le onzième jour d'avril, trois heures de relevée, nous, Jean-Joseph-Marie Joubert, avocat en parlement, lieutenant-crimininel et de police de la Ville, Bailliage, Comté-Pairie de Beauvais, à la requête du Procureur fiscal et de police, lequel nous a dit avoir, en vertu de notre ordonnance sur son réquisitoire d'aujourd'hui, fait assigner le sieur Nicolas-Marie-Antoine Feuillet, propriétaire de la maison dont la salle de spectacle fait partie, pour voir procéder à la visite de ladite salle, conformément à ladite ordonnance; nous nous sommes, et ledit Procureur fiscal avec nous, accompagné de notre commis-greffier, transporté en ladite salle, ou étant nous avons trouvé ledit sieur Feuillet qui nous a déclaré consentir la visite ordonnée, se réservant de nous faire, dans le cours d'icelle, les observations analogues aux circonstances ainsi qu'à l'état des lieux : et afin de procéder convenablement, avons mandé sur le champ le sieur Marc-Louis Brismontier, maître serrurier en cette ville, que nous avons, ce consentant ledit Procureur fiscal et ledit sieur Feuillet, nommé d'office pour expert. Lequel sieur Brismontier, après serment par lui prêté de fidèlement vaquer aux opérations prescrites par notre ordonnance dont lecture lui a été faite, a procédé conjointement avec nous et en présence des parties, ainsi qu'il va être expliqué.

Et comme, lorsque nous commencions à opérer, sont survenus les

(1) Archives municipales, FF 5.

sieurs Ango et Poulain, architectes-jurés experts de Paris, lesquels, appelés à Beauvais pour autre cause, cherchaient à parler au sieur Hérault, maçon, lors étant avec nous dans ladite salle de spectacle; le Procureur fiscal et nous, du consentement dudit sieur Feuillet, les avons engagés à concourir avec nous au double objet que nous nous proposions, savoir : de constater l'état du local, les inconvénients qui peuvent résulter de sa distribution par rapport à la sûreté publique et les moyens d'y remédier. Ce que lesdits sieurs Ango et Poulain ont agréé, pourvu qu'il nous fût possible de remettre la vacation à sept heures du soir, attendu que l'opération pour laquelle ils étaient venus en cette ville ne pouvait se faire que de jour. A quoi obtempérant, avons remis à procéder à ladite heure, le sieur Feuillet ayant promis de se rendre sur les lieux sans qu'il soit besoin de sommation, se tenant pour suffisamment averti, et ont ledit Procureur fiscal, les sieurs Feuillet et Brismontier, ainsi que Deslandes et Teissier, sergents, signé avec nous et notre commis-greffier.

Ainsi signé : N.-M.-A. FEUILLET, BRISMONTIER, DESLANDES, TEISSIER, HAGUÉ, GOUJON et JOUBERT, avec paraphes.

Et le même jour, sept heures du soir, nous nous sommes, accompagné comme dessus, transporté de nouveau avec le procureur fiscal et de police en ladite salle de spectacle, où nous avons trouvé les sieurs Poulain et Ango, architectes-jurés-experts; Hérault, maçon; Brismontier, expert par nous nommé d'office; et Feuillet, propriétaire de ladite salle. Le sieur Brismontier, serrurier, procédant à la visite, aidé du sieur Hérault, sous les yeux des sieurs Ango et Poulain et en notre présence, nous a dit et rapporté, et avons, parties pareillement présentes, reconnu avec eux ce qui suit :

Premièrement, la salle est composée d'un seul corps de bâtiment, joignant d'un bout vers le midi audit sieur Brismontier, d'autre bout vers le nord au sieur Caix, aussi maître serrurier en cette ville, d'un côté au cimetière de Saint-Etienne, la voirie entre deux, d'autre côté audit sieur Feuillet.

La distance de ladite salle, à partir du côté extérieur du mur, ou pan de bois de charpente, du bâtiment qui correspond dans l'intérieur à l'orchestre, jusqu'au pilier de la chapelle Saint-Claude de l'église paroissiale de Saint-Etienne qui y répond en ligne droite, est de trente pieds quatre pouces.

Une allée, dont l'unique entrée est par la grande rue de l'Ecu, conduit aux escaliers donnant dans ladite salle et dont la description sera ci-après. Ladite allée joint, depuis son ouverture, à la maison du sieur Picard d'un côté, et de l'autre audit sieur Caix; elle a trois pieds six pouces vers son entrée, et comporte quarante-neuf pieds de long depuis la porte de la rue jusqu'au premier escalier qui conduit à la salle.

Deuxièmement, sommes montés par ledit escalier composé de sept marches, ayant chacune deux pieds neuf pouces de longueur, sept pouces de haut et douze pouces de palier; et avons reconnu qu'à la septième marche quatre autres escaliers venaient y aboutir, savoir :

1° Un escalier composé de cinq marches, chacune de deux pieds de longueur, sept pouces de haut et neuf de palier, lequel nous a conduits à cinq autres marches par lesquelles on monte au théâtre et à une salle qui y joint, laquelle ledit sieur Feuillet nous a dit servir de foyer aux acteurs.

2° Celui de l'amphithéâtre composé de cinq marches de deux pieds trois pouces de longueur, sept pouces de haut et dix pouces de palier.

3° Celui des troisièmes loges ou Paradis, composé de trente et une marches de deux pieds de longueur, sept pouces et demi de haut et neuf pouces de palier.

4° Celui qui conduit au palier des premières et secondes loges, contenant sept marches de trois pieds de long, sept pouces de haut et dix pouces de palier.

Arrivés au palier desdites premières et secondes loges, avons reconnu que deux autres paliers viennent y aboutir; l'un qui conduit au foyer des premières loges, composé de neuf marches de trois pieds quatre pouces de longueur, cinq pouces de hauteur et dix pouces de palier. L'autre, qui conduit aux secondes loges, composé de deux révolutions : la première de dix marches ayant chacune trois pieds de longueur, sept pouces de hauteur et douze pouces de palier; la deuxième de neuf marches ayant deux pieds deux pouces de longueur, sept pouces de hauteur et neuf pouces de palier.

Nous a fait observer ledit sieur Feuillet qu'il y a dans le palier des premières et secondes loges un troisième escalier qui n'est que de dégagement pour faciliter la sortie des premières et secondes loges, et dont l'issue donne dans l'allée d'entrée, neuf pieds en deça du premier escalier dont il a été parlé ci-dessus, et qui a en outre une autre issue dans la maison du cafetier, dont on peut se servir en cas de presse.

Troisièmement, avons reconnu que l'entrée des premières loges est précédée d'une salle servant de foyer, de vingt-trois pieds carrés; que dudit foyer on entre directement en montant trois marches dans le rang des premières loges, à gauche de la salle; que par une autre porte, qui a son ouverture dans le même foyer, on entre dans un corridor de six pieds de largeur, où se trouvent deux issues à main gauche, l'une qui donne dans la grande loge du milieu dite de l'*état-major*, et l'autre dans le rang des premières loges, du côté droit de la salle.

Avons observé que lesdites premières loges, des deux côtés, se communiquent entre elles sans corridor, de manière que, pour joindre la loge la plus près du théâtre, il faut passer dans les autres.

Mesure prise de la profondeur desdites loges, avons reconnu qu'elles ont quatre pieds de profondeur dans la partie qui correspond au milieu de la salle, un peu plus vers le grand foyer d'entrée, un peu moins vers le théâtre.

Les secondes loges sont modelées sur les premières, à l'exception que du côté gauche de la salle le toit du bâtiment gêne les deux loges qui sont vers le théâtre, de manière à ne pas permettre facilement la communication de l'une à l'autre dans le cas où elles sont pleines.

Et à l'égard des troisièmes loges, le même inconvénient se fait sentir dudit côté gauche de la salle, de manière que personne ne peut s'y placer. Au surplus, le rang à droite et le fond en face du théâtre ont les mêmes inconvénients que les premières et secondes loges.

Avons remarqué, dans le palis de la salle donnant sur le théâtre, huit lucarnes, chacune d'un pied de hauteur sur huit pouces de large, savoir : trois aux premières loges, quatre aux secondes, et deux sur le théâtre. Toutes à quatre pieds et demi du plancher.

Descendus dans l'allée et voulant arriver au parterre, le sieur Feuillet nous a conduits à un escalier, à six pieds plus loin que celui des loges par où nous étions montés d'abord, lequel escalier composé de neuf marches de deux pieds neuf pouces de longueur, neuf pouces de haut et neuf pouces de palier, mène audit parterre par un corridor qui décrit une ligne courbe de deux pieds six pouces de large sur six pieds de long; au bout du quel corridor se trouvent deux autres marches de deux pieds et demi de longueur, six pouces de haut et neuf pouces de palier, qu'il faut descendre pour entrer dans le parterre.

Avons observé qu'en sortant dudit parterre et en face de la porte se rencontre une partie de cloison formant tambour, qui contribue à rendre la sortie dudit parterre difficile.

Le sieur Brismontier, ayant procédé en notre présence au toisé superficiel de ladite salle dans toutes ses parties, a reconnu et nous a rapporté que sa longueur est en tout de quarante-six pieds dans œuvre, savoir : celle du théâtre, de vingt et un pieds six pouces; de l'orchestre, quatre pieds six pouces; du parterre, onze pieds; et de l'amphithéâtre, neuf pieds.

Quant à la largeur de ladite salle, elle est de dix-sept pieds vers le fond du théâtre, de vingt-quatre à l'autre bout, aussi dans œuvre.

Avons remarqué du côté droit, sur le théâtre, opposé à la voirie du cimetière, la salle servant de foyer aux acteurs, dont il a été précédemment parlé, laquelle s'est trouvée avoir vingt-six pieds de longueur sur quinze pieds de largeur, le tout dans œuvre.

Plus, avons parcouru, avec ledit sieur Feuillet et ledit sieur Brismontier, une galerie circulaire par laquelle on communique aux différentes parties intérieures du théâtre; et, dans un coin de ladite galerie, avons remarqué un réservoir que ledit sieur Feuillet nous a dit contenir un muid d'eau destiné à servir en cas d'accident, ainsi qu'un autre placé sur le théâtre, et un troisième sous ledit théâtre, près la place du souffleur.

Et, attendu que nous n'avons plus rien trouvé sujet à description dans le point de vue proposé par le réquisitoire du Procureur fiscal et de police, nous, du consentement des parties, avons remis la continuation du présent procès-verbal à vendredi prochain, cinq heures de relevée, pour recevoir les observations dudit sieur Feuillet et ensuite l'avis du sieur Brismontier, expert, tant sur les inconvénients qu'il a pu remarquer que sur les moyens capables d'y remédier; par quoi il conférera d'ici audit jour avec les sieurs Ango et Poulain, qui ont promis de l'aider de leurs remarques sur les deux points de son rapport.

Et avons signé avec ledit Procureur fiscal, notre commis-greffier, lesdits sieurs Feuillet et Brismontier, et lesdits sieurs Teissier et Deslandes.

Ainsi signé : N.-M.-A. Feuillet, Brismontier, Teissier, Deslandes, Hagué, Goujon, Joubert.

### CONTINUATION DE LA VISITE.

*14 avril 1786.*

Et le vendredi quatorze du même mois d'avril, cinq heures de relevée, par devant nous, lieutenant-criminel et de police de la Ville, Bailliage, Comté-Pairie de Beauvais, en notre hôtel, sont comparus le Procureur fiscal et de police de ce siège, requérant la continuation de notre procès-verbal, d'une part; et le sieur Brismontier, maître serrurier, expert d'office, aussi d'autre part. Lequel sieur Brismontier nous a dit avoir conféré avec les sieurs Ango et Poulain, architectes-jurés et experts; et, d'après leurs observations communes, il est d'avis :

1° Qu'il serait bien à désirer que l'allée d'entrée de ladite salle eût plus de largeur, mais qu'il ne voyait pas de possibilité de lui en donner davantage, attendu qu'elle se trouve enclavée entre deux maisons dont le sieur Feuillet n'est pas propriétaire.

Sur quoi le sieur Feuillet nous a déclaré qu'il s'occupait des moyens d'acquérir l'une desdites maisons, savoir celle appartenant au sieur Picard, et que dans le cas où il parviendrait à faire cette acquisition, il serait facile de donner à l'entrée de la salle de spectacle une largeur plus convenable.

2° Que l'escalier qui conduit actuellement au parterre est beaucoup trop raide et qu'il est dans le cas, par son peu de giron, d'occasionner beaucoup de chûtes; qu'il estime que le moyen d'y remédier serait de le refaire à neuf, de le prolonger plus avant dans le corridor du haut, d'augmenter par là le nombre des marches, ce qui donnerait audit escalier plus de giron et en rendrait la pente plus douce.

Que cet inconvénient ôté, restera toujours celui qui résulte de la ligne courbe que décrit ce corridor, des deux marches pratiquées pour descendre au parterre, et de la partie de cloison qui fait face à son entrée.

Que de ces différents obstacles il peut naître en cas de foule, lors de la sortie, des embarras dangereux.

Sur quoi ledit sieur Feuillet nous a observé, en présence dudit sieur Brismontier, que son projet est de changer la distribution de la salle quant au parterre et à l'amphithéâtre, en baissant l'amphithéâtre pour en faire le parterre, et en élevant le parterre pour en faire un parquet derrière l'orchestre; ce qui sauvera l'inconvénient des deux marches dont le sieur Brismontier vient de parler. Qu'il se propose en outre de supprimer la cloison en forme de tambour qui gêne l'entrée du parterre actuel; de refaire l'escalier qui y conduit, d'après le plan et les dimensions données par ledit sieur Brismontier, et de pratiquer enfin deux petits escaliers de dégagement aux deux coins du fond du parterre projeté, pour, en cas de foule ou d'événement quelconque, en faciliter d'autant plus la sortie.

3° Qu'il serait nécessaire, qu'après la septième marche du premier escalier qui donne dans l'allée, il y ait un palier de repos à cause de la réunion qui se fait en cet endroit de l'escalier des premières loges et celui de l'amphithéâtre, que pour y parvenir il faudrait supprimer une marche formant angle obtus, dudit escalier des premières loges, laquelle marche, par sa forme et position actuelle, expose ceux qui descendent des premières et secondes loges à des chûtes.

4° Que dans quelques parties des passages des premières loges, le derrière des banquettes excède l'alignement qu'elles doivent avoir et gêne le passage derrière les personnes assises sur les dites banquettes; qu'il est facile de remédier à cet inconvénient en les rendant parallèles aux autres.

A quoi ledit sieur Feuillet a répondu qu'il pourvoirait, conformément à l'avis du sieur Brismontier, à faire le palier des escaliers et à disposer les banquettes dans les loges, de manière à garantir toutes incommodités.

Plus, nous a déclaré que dans la vue de prévenir les objections que l'on pourrait faire à l'occasion des lucarnes pratiquées dans le palis du mur donnant sur la voirie du cimetière (quoiqu'elles ne servent qu'à procurer dans les grandes chaleurs de l'air dans la salle, devant être toutes, comme il se l'était proposé, recouvertes d'abat-jour), il est dans la disposition, si on l'exige, de les supprimer, comme aussi de faire contrefermer extérieurement ledit palis, de manière à intercepter absolument le son des voix et des instruments et à empêcher qu'il ne se communique au dehors.

Et, sur l'interpellation par nous faite audit sieur Feuillet de nous dire à quel usage servent les deux portes donnant sur la voirie joignant audit cimetière, il nous a déclaré ne s'en servir que pour celui de sa maison, notamment dans le temps des vendanges, pour faire son vin dans sa grange où sont ses cuves; que cependant, dans le cas d'un accident imprévu qui surviendrait pendant le cours du spectacle, lesdites portes procureraient une grande facilité pour les débouchés; qu'en conséquence il a toujours soin d'emporter avec lui la clef tous les jours de comédie, afin de pouvoir s'en servir dans ces cas extraordinaires, mais que l'unique entrée du spectacle, tant pour les comédiens que pour le public, est et sera toujours par la rue de l'Ecu.

Desquels dires et déclarations nous avons donné acte audit sieur Feuillet, se réservant ledit Procureur fiscal ses dires et observations y relatifs. Dont et de tout ce que dessus avons fait et rédigé le présent procès-verbal pour servir et valoir ce que de raison, que nous avons signé avec lesdits sieurs Feuillet et Brismontier, ledit Procureur fiscal et notre commis-greffier.

Ainsi signé : N.-M.-A. Feuillet, Brismontier, Hagué, Goujon et Joubert, avec paraphes.

## XII

### Dispositif qui ordonne le référé à M. le Procureur-Général et interdit provisoirement le spectacle (1).

*15 avril 1786.*

Vu par nous, Lieutenant-criminel et de police susnommé, le procès-verbal ci-dessus et des autres parts, des onze et quatorze du mois, et sur ce ouï le Procureur fiscal et de police, lequel a déclaré qu'il croyait, avant de proposer aucun parti définitif relativement à la salle de spectacle, devoir en référer à M. le Procureur général, de laquelle déclaration nous lui avons donné acte; et cependant a requis que par provision ladite salle fût et demeurât interdite pour tout spectacle et assemblée publique, attendu les inconvénients constatés par ledit procès-verbal; ayant égard audit réquisitoire, faisons provisoirement défense audit sieur Feuillet et à tous autres ayant ou prétendant droit à ladite salle à quelque titre que ce puisse être, d'y souffrir, donner aucun spec-

(1) Archives municipales, FF 5.

tacle ni assemblée publique, jusqu'à ce qu'il ait été par nous, sur les conclusions dudit Procureur fiscal, définitivement statué, toutes choses jusqu'à ce demeurant d'état.

Et sera notre présente ordonnance signifiée et notifiée audit sieur Feuillet, comme propriétaire de ladite salle, exécutée nonobstant opposition ou appellation quelconque et sans y préjudicier, attendu qu'il s'agit de police.

Ce fut fait et ordonné par nous, juge susnommé, le samedi quinze avril mil sept cent quatre-vingt-six.

Signé à la minute : HAGUÉ, GOUJON, JOUBERT.

## XIII

### Nicolas Feuillet, citoyen de Beauvais, à Messieurs les Maire et Officiers municipaux de la ville de Beauvais (1).

Messieurs,

En l'année 1774 j'ai sacrifié une partie considérable de ma fortune à la construction d'une salle de spectacle dans cette ville; j'en ai joui pendant douze années paisiblement et à la plus grande satisfaction de toutes les classes de citoyens.

En 1786, un événement tragique a provoqué sur les lieux une descente de justice de la part des officiers de M^gr^ l'évêque et comte de Beauvais; ils verbalisèrent. Du procès-verbal dressé il en est sorti des détails qui, en présentant au ministère public un tableau de quelques vices locaux, ont attiré sur ma salle un interdit provisoire.

Ce jugement sévère, en frappant ma propriété d'une stérilité funeste à mes intérêts, ne l'a point soustraite au fardeau des impositions publiques et des charges particulières dont elle est grevée.

A l'interdiction de ma salle, s'est jointe la proscription du billard, accordé pour le limonadier qui tient le café de la Comédie, sous prétexte de leur trop grand nombre, quoiqu'on en ait accordé depuis à de nouveaux limonadiers qui se sont établis dans la ville.

Cette non jouissance, supposez qu'elle fût plus longtemps prolongée, consommerait infailliblement ma ruine et celle de mon locataire.

J'ose donc aujourd'hui, Messieurs, réclamer votre humanité; il sera sans doute aussi flatteur pour vous que consolant pour moi de consacrer, par un grand acte de justice, le berceau d'un pouvoir dont la

---

(1) Archives municipales, R II 6.

Nation, jalouse de créer le bonheur des Français, vient d'investir les corps municipaux.

A ces causes, je demande qu'il vous plaise ordonner une nouvelle visite des lieux, pour sur icelle statuer ainsi qu'il appartiendra, ainsi que sur l'objet du billard.

Je contracte ici l'obligation solennelle de faire disparaître tous les vices de localité qui pourraient être reconnus incompatibles, soit avec le bon ordre, soit avec la sûreté individuelle du citoyen.

Si, contre mon attente, des considérations vous déterminaient à confirmer une décision qui, depuis quatre ans, balance provisoirement sur ma tête un glaive destructeur, il me resterait une ressource; elle est unique et c'est un motif impérieux pour vous la présenter avec confiance.

Je vous supplierai alors, Messieurs, de vouloir bien, selon les vues de sagesse qui vous dirigeront dans la distribution des places auxiliaires à conférer dans la nouvelle municipalité, employer un brave et honnête citoyen (titre glorieux que j'eus, en 1783, l'avantage d'obtenir publiquement dans l'hôtel commun) (1);

Un citoyen père et, en cette qualité, nécessaire au soutien d'une nombreuse famille, depuis l'extrême vieillesse jusqu'au plus bas âge, et dont les malheurs, depuis près de deux ans, viennent de s'accroître encore par la cécité complète qui a frappé l'aîné de ses enfants, âgé de vingt ans;

Enfin un citoyen irréprochable, établi depuis vingt-quatre ans, mais dont la profession, par une suite de révolutions que le temps opère dans l'ordre de certaines choses, non seulement s'anéantit graduellement, au point de ne pouvoir suffire actuellement à la subsistance de sa maison devenue considérable, mais que l'âge, qui commence à affaiblir ses facultés physiques trop sensiblement, va bientôt lui rendre impraticable.

NICOLAS FEUILLET.

Ce 1er mars 1790.

*P. S.* — Par place auxiliaire, je ne veux pas dire emploi à gages que le corps municipal se trouve peut-être dans l'impossibilité de multiplier, mais j'entends place de confiance comme agent ou inspecteur général, tant de police que de tout autre objet d'administration, en un mot *factoton;* et ce, sous votre surveillance spéciale, Messieurs, dont je prendrais les ordres et à qui j'en référerais.

Cependant, comme toute peine vaut salaire, j'en trouverais un suffisant dans le produit que je retirerais (comme je l'ai toujours fait) de la permission exclusive que je prends la liberté de vous demander pour

---

(1) Nous ignorons le fait auquel Feuillet fait allusion.

tous spectacles clos quelconques dans l'étendue de la municipalité, dont le vingtième net de la recette me serait attribué à titre d'émoluments et en outre dans la jouissance qu'aurait l'enceinte de ma salle des spectacles d'avoir un billard, dont elle a toujours été en possession.

## XIV

### Les citoyens artistes dramatiques du théâtre de Beauvais aux citoyens Officiers municipaux de cette commune (1).

Si l'insouciance dont on nous accuse était un crime, ce serait sans doute de ne pas répondre aux inculpations qui nous sont faites dans ce moment par le citoyen commissaire du pouvoir exécutif et de ne pas tâcher de nous justifier.

Jamais personne ne brûla d'un patriotisme plus pur que les artistes du théâtre de Beauvais qui, dans tous les temps et toutes les fois qu'ils ont pu le faire, ont donné les pièces les plus propres à propager, exciter et nourrir l'amour de la liberté, le respect aux lois et l'obéissance aux magistrats préposés pour les faire exécuter. Le jour même où, par ordre de la municipalité, ils ont été obligés de fermer leur théâtre, ils donnaient deux pièces non seulement propres à enflammer les esprits les plus froids de l'amour de la patrie, mais encore capables d'exciter dans tous les cœurs la haine contre tous les tyrans. Les préjugés d'une nation barbare sont détruits dans l'une, des prêtres fanatiques et cruels y sont punis, l'humanité triomphe et ce sont des Français qui opèrent ce prodige. Dans la petite pièce, des rebelles y sont vaincus, le drapeau blanc est foulé aux pieds, les airs les plus chers aux Français y sont joués et exécutés avec tout l'agrément que le spectacle peut y fournir.

Voilà, citoyens, les pièces que nous ne cessons de jouer; ainsi nous ne sommes donc pas d'une insouciance marquée pour toutes les choses patriotes. Il est vrai que nous n'avons jamais chanté nous-mêmes, mais privés d'organes assez flatteurs, de voix assez flexibles pour chanter dignement les airs consacrés à rappeler à nos braves défenseurs les chants qui les faisaient triompher de nos ennemis, et à graver dans nos cœurs les sentiments de la vive reconnaissance que nous leur devons; si, disons-nous, nous ne les avons pas chantés nous-mêmes, c'est qu'il nous était physiquement impossible de le faire, mais nous en avons prié l'un des amateurs qui avait joué dans la seule pièce à vaudeville qui ait été représentée sur le théâtre de cette commune. Aucun de nous ne

(1) Archives municipales, R II 6.

chante et on ne peut imputer à négligence ce qui est défaut de la nature.

Pour ce qui est de l'inculpation d'avoir laissé chanter un individu qui, par la manière dont il a chanté la *Marseillaise*, a provoqué le coup de sifflet qui est cause de la fermeture du spectacle ; en deux mots voilà notre réponse. Nous jouions tous dans la seconde pièce après avoir joué dans la première, le chanteur habituel s'habillait ainsi que nous pour ne pas retarder la levée du rideau, il pria un de ses camarades de chanter à sa place. Le jeune homme, dont le patriotisme et le zèle sont connus, s'exposa à chanter sans se faire accompagner. Il prit quelques tons trop haut et ne pût achever son air, ce qui excita, à la vérité, quelques murmures et un coup de sifflet. Mais nous sommes persuadés que lorsque la loi a porté contre les bruits qui pourraient occasionner l'interdiction d'un spectacle, ce ne serait seulement que dans le cas où plusieurs malveillants, indignes du nom français, siffleraient les airs chéris de la nation entière et provoqueraient par là la juste indignation des vrais républicains. Oui, nous le pensons et nous en sommes sûrs qu'il répugne à la sensibilité des magistrats du peuple de faire dépendre notre sort, notre existence, du sifflet d'un étourdi, d'un fou ou d'un homme ivre. Nous aimons donc à croire que, plus instruits des faits, les officiers municipaux et le citoyen commissaire du pouvoir exécutif reviendront sur les soupçons d'insouciance et de négligence dont ils nous accusent et dont tout, en effet, paraît nous rendre coupables. Qu'ils soient donc convaincus, ainsi que tous nos concitoyens habitant cette commune, que ce ne sont point les pertes nécessitées par cette interdiction subite, et à la veille d'un départ précipité, qui affligent nos cœurs vraiment républicains et dignes de l'être, mais la perte de leur estime que nous avons toujours tâché de nous concilier et qu'ils nous conserveront encore, en nous rendant la justice que mérite notre innocence et l'humanité qui les caractérise.

*Les Artistes dramatiques du théâtre de la commune de Beauvais.*

## XV

### La folie de Préville (1).

La fille de Préville, Mme Guesdon, avait depuis quelque temps quitté la capitale avec son mari, ancien trésorier de la maison militaire du roi, et exerçant alors l'emploi de receveur-général à Beauvais. C'est là qu'après une maladie cruelle, où il perdit entièrement la vue, Préville alla

(1) *Mémoires* de Fleury, t. II, p. 131.

terminer ses jours, entouré des soins les plus tendres. Mme Guesdon possédait, à quelques lieues de la ville, une belle propriété, dans un pays salubre; elle y conduisit son père et ne le quitta plus jusqu'à ses derniers moments.

Ce fut là que se passa une scène qu'on a contée diversement dans le temps, et qui même a fourni le sujet d'un drame; mais conteurs et auteurs dramatiques l'ont tout à fait dénaturée. J'en ai su tous les détails par Mme Guesdon elle-même. Voici l'exacte vérité :

Il faut savoir d'abord que Préville, dont l'esprit avait été vivement frappé par les atrocités des terroristes, finit par perdre la raison..... Il se croyait incarcéré par les révolutionnaires..... et dépérissait à vue d'œil, préoccupé de l'idée fixe de sa détention. Les efforts constants de Mme Guesdon pour le dissuader demeuraient sans effet. En dépit de sa profonde cécité, il voyait une prison, des geôliers, des commissaires de la Convention, des détenus comme lui. Sa fille le faisait en vain promener dans un parterre embaumé de fleurs, ou bien en carrosse dans un vaste parc, aux rayons d'un soleil vivifiant; il ne sentait que le froid glacial et l'odeur fétide des cachots.

. . . . . . . . . . . . . . . . . . . . . . . . . . . . . . . . . . . . (1).

Mme Guesdon, femme de beaucoup d'esprit, d'une raison solide, et aimant son père de cette tendresse filiale qui produit l'inspiration, voyant que l'unique résultat d'une constante contrariété était d'opiniâtrer le vieillard dans cette déplorable démence, conçut l'idée d'y entrer elle-même, de s'en emparer, afin de le diriger vers un but qu'elle se proposait. En conséquence, elle lui avoua un jour, après quelques préparations, qu'elle avait espéré, grâce à la cécité dont il était affligé, de lui faire illusion sur sa captivité; mais que la feinte devenait désormais inutile, car on venait de lui signifier que le jour du jugement approchait et qu'il fallait se disposer à subir cette dernière épreuve.

Préville reçut cette communication avec une vive anxiété; toutefois ce fut pour lui une consolation de pouvoir enfin parler en toute effusion de son infortune avec sa fille, dont l'obstination jusqu'alors l'avait fort chagriné. Elle lui apprit le jour suivant qu'on lui accordait un défenseur de son choix et un conseil, lesquels pourraient communiquer librement avec lui, faveur d'un très-bon augure, et dont les autres accusés avaient été privés. Préville parut se ranimer; l'espérance commençait à lui sourire et relevait son cœur si flétri, si découragé depuis longtemps.

Bientôt Mme Guesdon introduit dans le cachot imaginaire un avocat dont Préville connaît la célébrité, mais dont il n'a jamais entendu la voix. Ce personnage est joué par le greffier du tribunal criminel de Sé-

(1) Nous passons un long récit des terribles hallucinations de Préville.

nonais (1), un jeune homme d'esprit, ami du fils de Mme Guesdon, et versé dans la pratique de toutes les branches de la jurisprudence. Cet avocat amène un confrère non moins célèbre, et que Préville, en l'entendant nommer, salue d'une joyeuse acclamation : c'était le fils du barbier de Bresles, où se passait la scène, un adolescent étudiant en droit. Ces deux graves personnages sont d'abord en dissentiment sur le fond de l'affaire, qu'ils discutent avec chaleur, alléguant de part et d'autre la loi, et le tout avec force citations, et cela d'un grand sérieux : on se garde bien de ce qui peut éveiller dans l'esprit moqueur et plein de finesse de Préville l'idée d'un pareil semblant. Un débat approfondi est engagé, et enfin avocat et conseil s'entendent et déclarent d'un commun accord que le prévenu, fût-il même convaincu du crime dont l'accusation le chargeait, ne peut dans aucun cas encourir la peine capitale.

Après cette consultation, rassuré sur l'issue du jugement, Préville fut soulagé d'un poids énorme, car il avait toujours l'échafaud en perspective. Les avocats convinrent des moyens de la défense, et se retirèrent pour rédiger un mémoire qu'ils allaient répandre à profusion et dont ils se promettaient les plus heureux effets.

Pour la première fois depuis longtemps le malade dormit d'un sommeil calme. Le lendemain, à son réveil, Mme Guesdon l'informa qu'elle venait de visiter tous ses juges : plusieurs étaient favorablement disposés ; les plus contraires s'étaient montrés accessibles à la corruption ; elle avait prodigué l'or : tout allait bien.

En même temps on entendait un crieur proclamer des nouvelles au dehors. On fit silence : d'autres crieurs se joignirent au premier ; on ouvrit les fenêtres et Préville distingua son nom. Puis ces paroles, répétées tour à tour par des voix formidables, frappèrent son oreille : *Mémoire justificatif du bon citoyen Préville, l'ami, le père des pauvres, injustement accusé*, etc. Et le peuple demandait, achetait le mémoire, en protestant de l'innocence du prévenu. Préville, ému jusqu'aux larmes, prenait de plus en plus courage. Ainsi, chaque jour, à chaque instant, l'esprit ingénieux de Mme Guesdon donnait un nouvel aliment aux espérances du vieillard. Enfin arriva la journée tant désirée du jugement.

Tout avait été disposé d'avance, sous la direction du greffier du tribunal criminel, qui faisait le rôle d'avocat de Préville. Des juges siégeaient dans la grande salle de Bresles, où les comtes-évêques de Beauvais rendaient autrefois la justice. Des habitants du village, réunis en grand nombre, formaient l'auditoire ; d'autres, répandus dans la vaste

(1) Le texte porte partout *Bresce* pour Bresles, mais nous ne voyons pas quel mot peut se cacher sous *Sénonais*.

salle du château, figuraient le peuple accouru pour le voir passer, et l'exhortaient à faire bonne contenance.

Enfin Préville, pâle, agité, s'avance entre sa fille et son petit-fils qui soutiennent ses pas mal assurés; quand le peuple l'aperçoit, c'est une acclamation générale : mille cris de *Vivat!* Le président comprime cet élan d'une voix sévère. Le silence se rétablit et le procès commence. C'est un procès véritable, auquel il ne manque rien, interrogatoire, audition de témoins, réquisitoire, plaidoiries, répliques. L'accusé est haletant; il respire à peine; il met toute son âme à écouter; il pleure, il s'écrie, il veut parler.

— L'accusé a la parole, dit le président.

— Moi! moi! s'écrie-t-il, coupable d'enfreindre les lois de la République! Eh! Messieurs, si cela était, que dirait l'auguste impératrice de toutes les Russies? Si cela était, l'illustre Catherine prendrait mon petit buste de marbre, qui est sur sa table, Messieurs, et elle le ferait traîner dans les ruisseaux de Saint-Pétersbourg.

On se contraint; personne ne rit de ces singulières raisons et de ce souvenir impérial donné à un tribunal censé républicain; au contraire, le président loue l'accusé de l'à-propos de sa défense; il résume les débats, puis s'adresse aux jurés; ils se retirent et délibèrent.

Pendant la suspension de l'audience, la foule des spectateurs entoure Préville; on le félicite sur le talent de ses avocats, sur le bon tour que prenait évidemment l'affaire. Lui, les yeux en pleurs, l'âme épanouie, remercie tout le monde, cherche des mains amies, les serre, presse sa fille sur son cœur. Mais le jury rentre : chut! chut! chacun reprend sa place; un silence religieux succède au tumulte. Les jurés sont unanimes : L'ACCUSÉ N'EST POINT COUPABLE.

— Il n'est pas coupable! il n'est pas coupable! s'écrie-t-on de toutes parts. On franchit les barrières : c'est une explosion de cris de joie, de larmes de contentement. On entoure Préville, on l'embrasse; il est transporté dans son fauteuil, à travers son jardin, qu'il prend pour des rues populeuses. Des acclamations le suivent, partent de loin, de près, semblent descendre des étages supérieurs, l'entourent comme un seul cri, comme une bénédiction unanime. Place! place! crie-t-on, tant la foule est grande; et le triomphateur, de retour chez lui, au sein de sa famille, a pu, comme il le disait lui-même à Dangeville, rêver encore une fois son parterre et ses beaux jours de gloire.

Jamais depuis on ne vit aucune trace de cette folie, qui lui avait fait pendant deux ans une existence si misérable.